人間関係形成能力 を育てる

学級経営

365日

ガイドブック 5年

赤坂真二 著
宇野弘恵

JN032808

明治図書

シリーズ発刊に寄せて

　これは学級づくりのマニュアル本でも教室の人間関係づくりのハウトゥ本でもありません。子どもの人間関係形成能力を育成するためのガイドブックです。

　今なぜ人間関係形成能力なのでしょうか。人間関係形成能力は，人とのつながりや信頼関係を構築する能力のことといわれます。コロナ禍で一般社会では，テレワークが導入される中で，これまで以上に人と人のコミュニケーション不足や，コミュニケーションの取り方について考えさせられた人たちが多くいたことでしょう。それは学校現場でも同じだったのではないでしょうか。

　人間関係形成能力は，学習指導要領が改訂されて，対話，協働と盛んにいわれるようになって注目の度合いが増しました。多様な他者の考えや立場を理解し，相手の意見を聴いて自分の考えを正確に伝えることができるとともに，自分の置かれている状況を受け止め，役割を果たしつつ他者と協力・協働して社会に参画し，今後の社会を積極的に形成することができる，こうした能力が社会で求められるようになってきているからです。

　優秀なビジネスパーソンの共通点として，対人関係能力，人間関係構築力が優れていることも挙げられます。良好な人間関係を築くことでビジネスもうまくいきます。現代はチーム力の時代といわれます。人間関係が良好であればコミュニケーションが活発となり，情報も多く共有できるでしょう。ビジネスパーソンと表現すると，大手企業のエリート社員のことだと誤解されるかもしれませんが，広く会社員，個人事業主，フリーランスの方々を含みます。ビジネスに関わる方々が口を揃えて言うことは，「仕事はご縁でやってくる」ということです。

クライアントや顧客との信頼関係を築くためにも，人間関係形成能力が活かされます。彼らの状況を良く理解して話を聞くことができれば，相手のニーズに合わせることができるでしょう。困った時などにもきちんと対応することができ，信頼性が高まります。信頼関係を築くことで，彼らと深く継続的につながることができ，多くのクライアントや顧客を得ることができるようにもなるでしょう。

　もちろん，子どもたち全てがビジネスパーソンになるわけではありませんが，豊かな人間関係が幸せをもたらすことに対して疑念を抱く人はそう多くはないのではないでしょうか。豊かな人間関係を築く力は，生きる力であり，私たちが幸せになるための必須条件と言えるでしょう。愛する子どもたちの幸せになる力の育成に寄与できるだけでなく，本シリーズにはもう一つ大きなメリットがあります。

　人間関係形成能力は，単なるつながるスキルを身に付ければいいというものではありません。愛を伝えるスキルを学んでも，そこに愛がなかったら愛は伝わりません。同様に，スキルをホンモノにするためには，根底の考え方が伴っていることが必要です。本シリーズには，なぜそれをすると人間関係形成能力が身に付くのかという基本的な考え方も示されています。それを知ることで，指導する教師自身も幸せな生き方を学ぶことができます。

　だから，「私，ちょっと人間関係苦手かも」と感じている方こそ，手にとって実践することで，子どもたちと共につながり上手になっていくことができるでしょう。だからこその365日なのです。人間関係形成能力は1日にしてならず，なのです。本シリーズを小脇に抱えて，試行錯誤を繰り返してみてください。きっと，本シリーズは心強い学級経営の伴走者になってくれるはずです。

　クラスの安定は，子どもたちのつながりの質と量によって決まります。他者とつながる力を付けた子どもが増えれば増えるほど，学級は安定するので

す。しかし，クラスには，様々な事情で人とつながるのが苦手な子がいます。いいのです。みんなみんな同じ能力をもつ必要はありません。また，教師がしゃかりきになって，その子と他の子をつなげようとしなくてもかまいません。つながる力をもつ子が多くなれば，誰かがつながってくれます。教師はその様子を見付けて，にっこり微笑んで喜ぶことで，子どもたちはつながることの価値を学ぶことでしょう。

　そうした意味で，本シリーズはこれまでの，教師が子どもをつなげてまとめようとするクラスづくりから，子どもたちのつながる力を育てることによって学びやすく居心地のいいクラスづくりへと発想の転換を促す「挑戦の書」でもあります。

　本シリーズは3章構成になっています。第1章は，日本人の幸福感とつながりの関係を国際調査の結果等を踏まえながら，人間関係形成能力の育成の必要性を考察します。驚くようなというか日本人として心配になるような結果が示されています。第2章は，各学年を担当する執筆者たちの人間関係形成能力をどう捉え，どのように育成していくのかという基本的な考え方が示されています。第3章は，その考え方に基づく1年間にわたる実践です。すぐに実践編を読みたくなると思います。とても力強い実践群です。しかし，それを本質的に理解するためには，第2章を必ずお読みいただければと思います。

　各学年を担当するのは，1年生，北森恵氏，2年生，岡田順子氏，3年生，松下崇氏，4年生，深井正道氏，5年生，宇野弘恵氏，6年生，髙橋朋彦氏です。勉強なさっている方なら，彼らのお名前をどこかでお聞きになったことがあるのではないでしょうか。お気付きになっている方もいるかもしれませんが，2022年3月に発刊した『個別最適な学び×協働的な学びを実現する学級経営』の執筆メンバーです。この書籍は，私がメンバーにインタビューし，それをまとめたものですが，頁数の関係でかなりの内容を泣く泣くカッ

トしました。そこでぜひ，この素晴らしい実践を，時系列で年間を通じた形でお伝えしたいと思い本シリーズが実現しました。

北森恵氏は，これまで多くの崩壊したクラスを立て直してきました。現在の勤務校では，UDL（Universal Design for Learning）を実践し，校内を巻きこんで個別最適な学びと協働的な学びの実現に尽力中です。

岡田順子氏は，大学院で協同学習における対人技能学習の効果を研究しました。前任校の新潟大学附属長岡小学校勤務時には，いくつもの学級経営の講座を担当し，学級経営に関する情報発信をしてきました。

松下崇氏は，若い頃から教育サークルを立ち上げ，仲間と共に力量を高めることに邁進してきました。なかなか共有の難しい自治的集団の育成ですが，長年の探究に基づく発信で注目されています。

深井正道氏は，30代前半で都心部の学校の研究主任に抜擢され，学級活動と教科指導を連動させた独自の研究を進めてきました。保護者，地域を巻きこみ子どもの自尊感情を高めた研究は高く評価されました。

宇野弘恵氏は，数多くの書を発刊しているので多くの方がお名前をご存知でしょう。ご自身では感覚的と言いますが，その実に緻密で周到な学級経営，授業づくりは，著書の読者や講座の参加者を唸らせています。

髙橋朋彦氏も，明治図書の『ちょこっと』シリーズや算数の指導に関する書籍でよく知られています。明快な文章で繰り出される本質を突いた提言は，これまで積み重ねてきた圧倒的な勉強量を感じさせます。

原稿執筆段階では，SNSで執筆者グループを作り，原稿がアップされる度に拝読していました。どれもこれも濃密かつ秀逸で，一刻も早く皆さんにお届けしたいと思うものばかりでした。是非，本シリーズを活用され，子どもたちの人間関係形成能力の育成に役立てくいただきたいと思っております。

2024年3月　赤坂真二

まえがき

　学級担任がいないと，学級が成立しない。
　教科担任になると，授業が成立しない。

　学校で勤めていれば，一度や二度は聞いたり経験したりしたことがあるはずです。みなさんは，この現象をどのように捉えていますか。この現象の前提は，「学級担任がいれば」学級も授業も成立するということです。それは何を意味するのか，考えたことはありますか。

　まず言えることは，担任以外の教師の力量があまりにもなかったのではないかということです。こんなことを言うと，責任逃れだとか学級担任至上主義だとか思われるかもしれません。でも，担任の代わりに入った人が，余りにも高圧的だったり，余りにも指導言が不明瞭だったり，余りにも子どもたちを煽るような指導をしていたりしては，そりゃあ，学級も授業もぐらつくでしょう。ですから，担任外の教師の力量が著しく落ちるということは，可能性として挙げられるのだと思います。

　次に言えることは，担任外の教師の指導が担任と違ったということです。普段担任は独自性の強い指導をしており，その指導に慣れている子どもたちが対応できなかったという可能性はありそうです。しかし，そもそも指導言をはじめとした教育技術や教育方法は，担任の教師としての個性によって大きく違うものです。同じような指導をしても，同じ指導言を用いたとしても，出力の仕方も受け取られ方も違うのが当然です。これを要因として持ち出してはきりがない。そう思いませんか。

　こう考えていくと，普段学級担任がいるときは学級も授業も機能している

のに，担任ではなくなると機能しなくなるのは，教師にではなく学級集団の未熟さに要因があると言わざるを得ないのではないでしょうか。

　集団が未熟であると表現すると，多くの場合，規律が身に付いていないとか，システムが定着していないとか，人間関係がぐちゃぐちゃだとか，そうしたものに目が行きがちです。しかし，そんなものが問題なら担任がいてもほころびが出るはずです。担任がいるときにはできるということは，子どもたちは担任の存在によってできることを変えているということです。つまり，子どもたちの価値基準は担任であるということなのです。

　掃除の場面を例にとりましょう。担任がいるときにはちゃんと掃除ができる。それは，担任の指示があるからか，担任の目が怖いからか。あるいは，担任が先回ってやってしまっている可能性もあります。要するに，「今は掃除だからちゃんとしよう」とか「ここが汚いからきれいにしよう」といった判断ではなく，担任が見ているから，怒るから，うるさいからするという価値のもとに行っているだけなのです。担任がいなくなれば価値基準がなくなるので掃除をしなくなるのは当然なのです。担任がいないと学級や授業が成立しないというのは，これと同じ構造です。

　担任と集団は，縦のつながりです。縦のつながりがいくら強くても，担任がいなければつながりは途切れます。担任がいなくても学級が学級として機能するためには，集団に横のつながりが要るのです。「今，この場にこれが必要だ」と考え判断する子がいて，それを受容しともに行動する子がいる。教室にそんなつながりがある集団が成熟した集団なのだと思います。

　私は，自分の学級経営のベースとなる理論をもっていません。赤坂先生が前述しているように，経験と感覚で学級経営をしてきました。そんな私にみなさんの役に立つ何が語れるかは疑問ですが，実践を理論と照らし確信したことだけを記していきます。現場で目の前の子どもたちをつなげようと奮闘する先生方の一助となれれば幸甚です。

【参考文献】野中信行　横藤雅人著『必ずクラスがまとまる教師の成功術！学級を安定させる縦糸・横糸の関係づくり』学陽書房，2011年

目　次

第1章　なぜ，いま「つながる力」か

第2章　つながる力を育てるために教師は何ができるか

第3章　人間関係形成能力を育てる学級経営365日　5年

★1　春休み　子ども同士が安心してつながる土台をつくる

2　4月　人間関係をフラットにして，つながりの地ならしをする

3　5〜7月　人間関係を耕して，つながりを広げる

第1章

なぜ，
いま「つながる力」か

1 世界の中の日本人の幸福度

　国連機関である「持続可能な開発ソリューション・ネットワーク」（SDSN）は「World Happiness Report（世界幸福度報告書）」の2023年版を発表しました[1]。2012年から（2014年を除く）各国の約1000人に「最近の自分の生活にどれくらい満足しているか」を尋ね，0（完全に不満）から10（完全に満足）の11段階で答えてもらう方式で，国ごとの幸福度を測定しています。なお，この主観的判断には，以下の6つの項目が加味され，判断されます。

・1人当たり国内総生産（GDP）

・社会的支援の充実

・健康寿命

・人生の選択における自由度

・他者への寛容さ

・国への信頼度

　各年発表の数値は，過去3年間の数値の平均です。つまり，2023年のものは，2020～2022年の3年間で，新型コロナウイルス感染症の影響が出た全期間の初めての調査結果となります。

　これによると，日本のスコアは6.129，順位は137カ国中47位。スコア，順位とも前年（6.039，146カ国中54位）からは改善しました。ただ，G7，主要7カ国では最下位という結果でした。一方，日本で学力調査等でしばしば比較対象とされるフィンランドは，今回の幸福度のスコアは7.804で，順位は6年間連続の1位でした。上位は欧州の国々が目立ち，北欧5カ国が7位までに入りました。

　この調査によると，日本のランキングは，60位から40位の間を推移してきました（2014年を除く）（図1）。失われた30年とも40年とも言われ，目に見える経済成長がなされない日本ですが，それでもGDPは高く，社会保障制

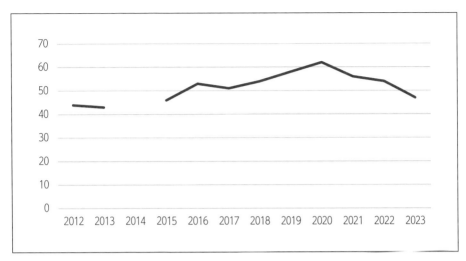

図1　「World Happiness Report（世界幸福度報告書）」における日本の順位の推移（筆者作成）

度も比較的充実しています。近年治安の悪化が指摘されてはいますが，まだまだ治安は良く，暮らしやすい環境が整っているといえます。「World Happiness Report（世界幸福度報告書）2022」では「１人当たり国内総生産（GDP）」「社会保障制度などの社会的支援の充実」「健康寿命」「人生の選択における自由度」の数値だけを見ると，日本は，ランキング上位国とさほど大きな差がありません。それにもかかわらず順位が上位にならない理由としては，「他者への寛容さ」と「国への信頼度」が低い点にあることが指摘されています。同報告書の2023年版でも「１人当たり国内総生産（GDP）」や「健康寿命」の高さの一方で「人生の選択における自由度」や「他者への寛容さ」の低さが指摘されています。

　健康寿命が長く，経済水準も低くない水準で充実しているこの日本で，私たちが幸福感を抱きにくい要因があるとしたらどのようなものなのでしょうか。

2 私たちの幸福度

　リクルートワークス研究所（2020 ａ）が，日本・アメリカ・フランス・デンマーク・中国で働く2500名を対象に，個人と企業における人間関係の有り様について調査した「５カ国リレーション調査」というものがあります[2]。ここでは，幸福感と社会的関係つまり，つながりについて様々な角度から調べ，国際的な比較を試みています。図２は，この調査における「現在，幸せである」との問いに対する回答です。

　日本と他国を比べてわかるのは，「非常にそう思う」「そう思う」の割合の低さです。他国が，幸せの実感に対して肯定的に答えている割合が８割近くあるのに対して，日本は，５割を切っています。私たちの国では，「幸福である」といえる人は，半分もいないということになります。

　また，図３は，「これからの人生やキャリアを前向きに切り開いていける」

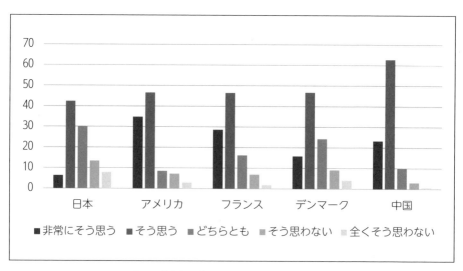

図２　「現在，幸せである」に回答した割合
（リクルートワークス研究所，2020 ａ をもとに筆者作成）

との問いに対する回答です。これも「非常にそう思う」「そう思う」の割合が3割程度で，他国の8割程度と比較して少ないことがわかります。今後，変化の速さも大きさも増大することが予想されているこれからの時代，ある日突然仕事を辞めるようなことになったり，転職することになったりすることが予想されます。自らの力で，キャリアを創っていく姿勢が求められる状況ですが，他国に比べて日本は，そうしたことに対する見通しや自信が，もてていない状況がうかがえます。

　さらに，図4は，「突然会社を辞めることになっても，希望の仕事につける」との問いに対する回答です。やはり，これも「非常にそう思う」「そう思う」の割合が2割程度で，他国の5割〜8割程が肯定的に回答しているのに比べて，その割合が少ないことがわかります。これには単なる私たちのマインドの問題だけでなく，社会的な仕組みや環境も影響していることでしょう。日本は，長く終身雇用制度を取り入れてきたことや，「一を以て之を貫く」のような価値観があって，勤め先を転々とすることはあまりよくないの

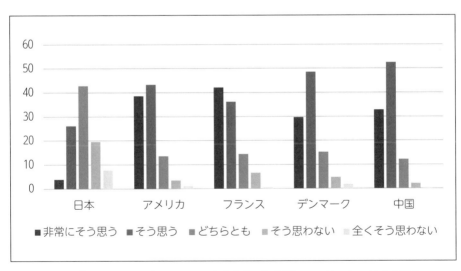

図3　「これからの人生やキャリアを前向きに切り開いていける」に対する割合
（リクルートワークス研究所，2020aをもとに筆者作成）

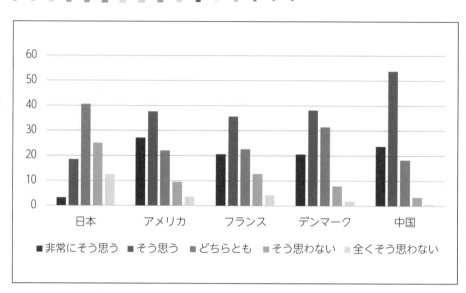

図4 「突然会社を辞めることになっても，希望の仕事につける」に対する割合
（リクルートワークス研究所，2020aをもとに筆者作成）

ではないか，という風潮も影響していると思いますが，変化が激しく流動的なこの時代を生きる人のマインドとしては心許なさを感じる人もいるでしょう。

　これらの結果から，日本人は，幸福であると自覚している人が2人に1人程度で，これからのキャリアを自分で切り開いていける自信や今勤めている会社を突然辞めることになっても自分の希望の仕事につくことができるという見通しをもっている人たちの割合が，他国に比べて少ないことが見えてきます。

　リクルートワークス研究所（2020b）が「5カ国リレーション調査」に基づき，提言をまとめた「マルチリレーション社会―多様なつながりを尊重し，関係性の質を重視する社会―」では，図5，図6のようなデータを示し，次のようなことを指摘しています。少し長いですが，重要な指摘だと思いますので，そのまま引用させていただきます（図5は，つながりの多さによる幸

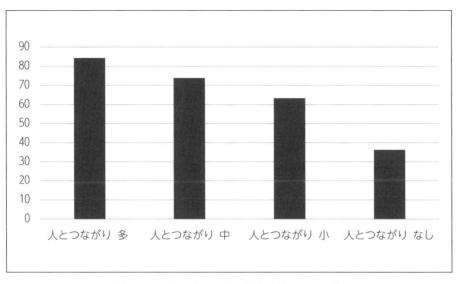

図5 つながりの度合い別の幸福を感じている割合
（リクルートワークス研究所，2020 b をもとに筆者作成）

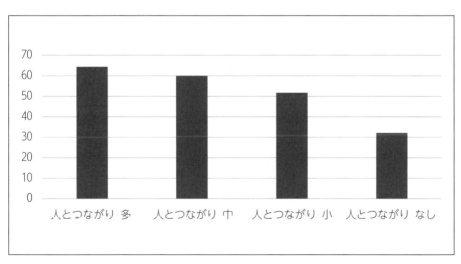

図6 つながりの多さ別の希望の仕事につける割合
（リクルートワークス研究所，2020 b をもとに筆者作成）

福を感じる割合の違い，図６は，つながりの多さによる仕事を辞めることになったときに，希望の仕事につけるという見通しや自信をもっている割合の違いを表しています）。「人が生きていく上で，『幸福感』や『希望の仕事につける』という感覚はとても大切です。わたしたちが行った国際調査からは，交流のある人間関係を持っていない『人とのつながりなし』の場合，幸福を感じる割合が36.3％に留まるのに対し，交流のある人間関係の種類が多く，さらにその人間関係を通じて活力や挑戦の後押しを得ている『人とのつながり 多』の場合は84.3％に高まることが分かりました。実に48％ポイントもの差が生まれています」[3]

　データを見ればわかるように，もっているつながりが多い方が，より幸福感を感じ，突然今の仕事を辞めることになっても，より希望する仕事につけるという実感をもつ割合が増すことがわかります。さらに注目したいことは，つながりの「多い」，「中」，「少ない」の各程度間で比較するとその差は10％程度なのに対して，「つながりなし」と答えている人たちは，もっとも数値の近い「つながり小」と答えている人たちと比較しても20％近く差があることです。つながりが「ある」と答えている人たちと「ない」と答えている人たちでは，随分世の中の見え方が異なり，また，生きづらさも違っているのではないかと思われます。

3 日本人のつながり方

　この提言書からは，日本人の独特のつながり方が見えてきます。「５カ国リレーション調査」では，「交流のある人間関係」を「つながり」としていますが，具体的には以下の14のつながりを指します。

・家族・パートナー
・親戚
・社会人になる前の友達

・一緒に学んだ仲間

・趣味やスポーツの仲間

・地域やボランティアの仲間

・勤務先の経営者

・勤務先の上司

・勤務先の同僚

・勤務先の部下

・社外の仕事関係者

・以前の仕事仲間

・労働組合

・政治家

　交流の様子が複数回答で示されていますが，どの国でも「家族・パートナー」（約70〜89％）「勤務先の同僚」（約65〜77％）は，選択される割合が高く，人間関係の2本柱となっています。特に日本は，「家族・パートナー」が88.6％と高く，家族が社会関係の基盤になっている国であることがわかります。また，職場の人間関係は，「勤務先の同僚」だけでなく「勤務先の上司」「勤務先の経営者」「社外の仕事関係者」「以前の仕事仲間」と幅広く想定されていて，「勤務先の同僚」や「勤務先の上司」の割合の高さは5カ国で大きな差がありませんが，「勤務先の経営者」「社外の仕事関係者」「以前の仕事仲間」になると，日本におけるそれらの割合の低さが目立っています。日本は，人材の流動性が低いためでしょうか，仕事の人間関係が社内に閉じてしまっているといえそうです（前掲）[4]。

4 「閉じた乏しい人間関係の」国，日本

　また，どの国でも高い傾向にあるものとして，「社会人になる前の友達」の割合が挙げられており，日本でも6割を超えています。友人の存在の大切

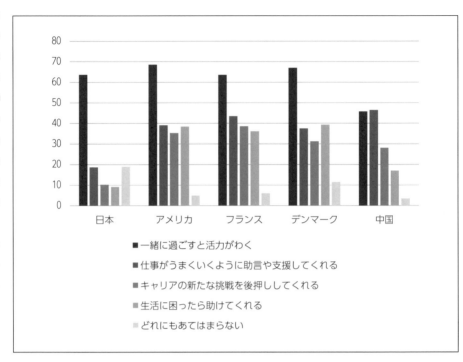

図7　社会人になる前の友達との付き合い方
（リクルートワークス研究所，2020 b をもとに筆者作成）

さは言うまでもありませんが，「一緒に学んだ仲間」「趣味やスポーツの仲間」「地域やボランティアの仲間」など，家族や仕事を離れたつながりの割合は，日本は他国に比べてかなり低くなっており，社会に出た後，人間関係が広がっていないことがうかがえます。

　では，「社会人になる前の友達」とどのようなつながり方をしているのでしょうか。学校教育段階で子どもたちがどのようなつながりをしているのか，学校関係者としては気になるところではないでしょうか。同調査では，つながり方を「一緒に過ごすと活力がわく」「仕事がうまくいくように助言や支援してくれる」「キャリアの新たな挑戦を後押ししてくれる」「生活に困ったら助けてくれる」「どれにもあてはまらない」を視点に，それぞれの割合を

見ています（図7）。

　ここからわかることは，日本の社会人になる前の友達とのつながりは，アメリカ，フランス，デンマークと同様に共に過ごし活力を得るという性質のものであることです。しかし，一方，「仕事がうまくいくように助言や支援してくれる」「キャリアの新たな挑戦を後押ししてくれる」「生活に困ったら助けてくれる」といった生活支援的なかかわりが低くなっています。

　私たち日本人の社会人になる前の友達とのつながり方は，一緒に過ごして楽しい気分を味わったり，それによって活力を得たりしているようですが，仕事やこれからの人生にかかわることの相談をしたり，生活に関する援助を求めたりするような間柄ではないようです。

　こうした日本人の他者とのつながり方を見ると，社会人になる前の友達とは，一緒に楽しく過ごすことはしても，人に悩みを打ち明けたり，助けを求めたりしたりはしないようです。また，社会人になってからは，その付き合いは，家族と勤務先の同僚に狭まり，とりわけ，家族の比重が高いつながりの中で生活をしているといえます。これらの調査結果から，日本人のつながりは，家族中心で，それ以外の人たちには**「閉じた」乏しい人間関係の有様**が見えてきます。

　日本社会は，よく「失敗ができない社会」とか「やり直しが利かない社会」とか言われますが，一緒に楽しむ仲間はいるけど，キャリア支援や生活支援を相談したり要請したりできる仲間がいないという日本独特とも見られる人々のつながり方にその一因があるのかもしれません。また，日本人にとってつながりの中心にある家族や職場も安定しているものとはいえません。

　少子高齢化の中で，生涯未婚率も上昇しています。結婚していること，子どもがいること，つまり家族がいることが前提の社会が崩れようとしています。また，企業の平均寿命が，20年と少しと言われる今，これはどんどん短くなることでしょう。終身雇用はほぼ崩壊し，短いサイクルで職を変えなくてはならない世の中になっています。また，日本人がつながりにおいて，頼みの綱とする家族も同僚も今や，とても危ういものになっているわけです。

これらのデータからわかるように，人はつながりがある方が幸福感は高くなります。また，ポジティブな状態をひけらかすことを嫌う日本の風土をいくらか差し引いても，日本人の幸福感が他国と比べて低いのは，つながりが家族や同僚など一部に限られていることが影響していそうです。さらに，学業とともに社会や世間を学ぶ学生の頃に築いていた人間関係は，相談，助け合いなどのソーシャルサポートとは異なる，楽しむことを中心としたレジャー的でイベント的なつながりであることがわかります。社会人になってから，ハプニングやトラブルの当事者になると，誰にも相談できずに路頭に迷う人が多くなるのは，人からの助けを求める，人を助けるなどのソーシャルサポートにかかわる経験値が足りないからなのではないでしょうか。

5 人間関係形成能力と学習指導要領

　このように人にとってつながりとは，幸福感やキャリア形成に関わる，生きる力というよりも生きることに直結することがわかりますが，学習指導要領において，つながりをつくる力の育成について述べられたのはそんなに以前のことではありません。

　平成20年改訂の小・中学校学習指導要領の特別活動の目標において，「人間関係の形成」について記載されました。小学校では次のように書かれています。「望ましい集団活動を通して，心身の調和のとれた発達と個性の伸長を図り，集団の一員としてよりよい生活や人間関係を築こうとする自主的，実践的な態度を育てるとともに，自己の生き方についての考えを深め，自己を生かす能力を養う」。なぜ，人間関係の重視が叫ばれるようになったのでしょうか。当時の学習指導要領の指針となった答申には次のようなことが指摘されています[5]。

「・学校段階の接続の問題としては，小1プロブレム，中1ギャップなど集団への適応にかかわる問題が指摘されている。

・情報化，都市化，少子高齢化などの社会状況の変化を背景に，生活体験の不足や人間関係の希薄化，集団のために働く意欲や生活上の諸問題を話し合って解決する力の不足，規範意識の低下などが顕著になっており，好ましい人間関係を築けないことや，望ましい集団活動を通した社会性の育成が不十分な状況も見られる。」

　ここには，社会の変化の影響を受け，子どもの人間関係の希薄化や集団への貢献意識や，協働による問題解決能力の低下などの問題が指摘されています。これまで人間関係の形成を目標にしてこなかった学習指導要領が，それを目標に据えたのは，いじめ，不登校，日常化していく学級崩壊などの問題が看過できないものとして認識されたからに他なりません。

　当時の文部科学省で教科調査官をしていた杉田（2009）は，人間関係形成能力に関して次のような認識を示しています[6]。「人間関係の悩みは誰もがもっているものです。その意味で，人間関係形成能力は『性格』ではありません。人間関係を結ぶ力が性格だとしたら変えるのは非常に困難であり，『私には無理』という思いから，あきらめてしまう人が多くなるでしょう。人間関係形成能力も性格ではなくて学ぶことができる力，つまり『学力』なのです」[7]。

　国が学習指導要領に人間関係の形成に関して記載する前からも，学校現場の教師たちは，教師と児童生徒，そして児童生徒同士の良好な関係性の重要性を認識し，それを育成していたことでしょう。ここに来て，社会の変化，それに伴う児童生徒の実態に対応し，人間関係形成能力が学びの対象となったことがわかります。

　では，現行の学習指導要領では人間関係形成能力はどのように捉えられているのでしょうか。学習指導要領では，３つの資質・能力の育成がねらわれています。このことは読者の皆さんに「釈迦に説法」だとは思います。しかし，現場の先生とお話をしていると，この３つのことは知っているけど，中味まではよく知らないという方もいます。確認のために記載しておきます。

(1)知識及び技能が習得されるようにすること。
(2)思考力，判断力，表現力等を育成すること。
(3)学びに向かう力，人間性等を涵養すること。

　この３つ目の「学びに向かう力，人間性等」の中で，次のことが書かれています[8]。

> 　「児童一人一人がよりよい社会や幸福な人生を切り拓いていくためには，主体的に学習に取り組む態度も含めた学びに向かう力や，自己の感情や行動を統制する力，よりよい生活や人間関係を自主的に形成する態度等が必要となる。これらは，自分の思考や行動を客観的に把握し認識する，いわゆる『メタ認知』に関わる力を含むものである。こうした力は，社会や生活の中で児童が様々な困難に直面する可能性を低くしたり，直面した困難への対処方法を見いだしたりできるようにすることにつながる重要な力である。また，多様性を尊重する態度や互いのよさを生かして協働する力，持続可能な社会づくりに向けた態度，リーダーシップやチームワーク，感性，優しさや思いやりなどの人間性等に関するものも幅広く含まれる。」

　前学習指導要領と連動していた前生徒指導提要には，生徒指導の意義のなかで「生徒指導とは，一人一人の児童生徒の人格を尊重し，個性の伸長を図りながら，社会的資質や行動力を高めることを目指して行われる教育活動のこと」と書かれています。社会的資質とは，人間関係をうまく遂行するために欠かせない能力のことであり，社会性や社交性，コミュニケーション能力，共感的な行動能力などが含まれますので，人間関係形成能力と極めて似た概念です。

　つまり，前学習指導要領では，いじめ，不登校，学級崩壊等の問題を背景に生徒指導のねらい達成のために人間関係形成能力が捉えられていたと考え

られます。そして，前生徒指導提要によれば生徒指導は，「学校の教育目標を達成する上で重要な機能を果たすものであり，学習指導と並んで学校教育において重要な意義を持つもの」（この生徒指導の捉えは，令和４年12月改訂の新提要でも同様）ですので，人間関係形成能力は，学校教育の柱の一つのねらいのまた一つと捉えられていたことがわかります。

　しかし，現行の学習指導要領は，改めていうまでもなく，３つの資質・能力をねらって設計されているものです。また，「知識及び技能」の習得と「思考力，判断力，表現力等」の育成は，「学びに向かう力，人間性等」の涵養に向かって方向づけられるという構造をもちます。つまり，人間関係形成能力の育成は，現学習指導要領のねらいそのものといってもいいと考えられます。

6　人間関係形成能力とは

　では，人間関係形成能力とはどのような能力をいうのでしょうか。小学校学習指導要領（平成29年告示）解説，総則編では，人間関係形成能力という文言そのものは，出てきませんが，「人間関係」という文言は，79カ所見られます。そのうちその育成にかかわるだろうと思われる「よりよい人間関係」という文言は28カ所になりますが，それが具体的にどのようなものであるかは明記されていません。

　一方，キャリア教育のなかに，人間関係形成能力という文言が見られ，その内容が記載されています。人間関係形成能力の前に，キャリア教育について簡単に整理しておきましょう。文部科学行政関連の審議会報告等で，「キャリア教育」が文言として初めて登場したのは，中央教育審議会「初等中等教育と高等教育との接続の改善について（答申）」（平成11年12月16日）です。新規学卒者のフリーター志向の広がり，若年無業者の増加，若年者の早期離職傾向などを深刻な問題として受け止め，それを学校教育と職業生活との接続上の課題として位置付け，キャリア教育が提唱されました。

その後，国立教育政策研究所生徒指導研究センターが平成14年11月，「児童生徒の職業観・勤労観を育む教育の推進について」の調査研究報告書をまとめ，小学校・中学校・高等学校を一貫した「職業観・勤労観を育む学習プログラムの枠組み（例）―職業的（進路）発達にかかわる諸能力の育成の視点から」を提示しました。この「枠組み（例）」では，「職業観・勤労観」の形成に関連する能力を，「人間関係形成能力」「情報活用能力」「将来設計能力」「意思決定能力」の４つの能力領域に大別し，小学校の低・中・高学年，中学校，高等学校のそれぞれの段階において身に付けることが期待される能力・態度を具体的に示しました。

　それから様々な議論が重ねられ，キャリア教育における基礎的・汎用的能力を構成する能力として，「人間関係形成・社会形成能力」「自己理解・自己管理能力」「課題対応能力」「キャリアプランニング能力」の４つが整理されました。文部科学省の「小学校キャリア教育の手引き―小学校学習指導要領（平成29年告示）準拠―」（令和４年３月）によれば，これらの能力は，包括的な能力概念であり，必要な要素をできる限りわかりやすく提示するという観点でまとめたものです。この４つの能力は，それぞれが独立したものではなく，相互に関連・依存した関係にあり，特に順序があるものではなく，また，これらの能力をすべての者が同じ程度あるいは均一に身に付けることを求めるものではない，とされています[9]。

　同手引きには，社会形成能力と共に人間関係形成能力は，次のように説明されています（文部科学省，前掲）[10]。

　「『人間関係形成・社会形成能力』は，多様な他者の考えや立場を理解し，相手の意見を聴いて自分の考えを正確に伝えることができるとともに，自分の置かれている状況を受け止め，役割を果たしつつ他者と協力・協働して社会に参画し，今後の社会を積極的に形成することができる力である。

　この能力は，**社会との関わりの中で生活し仕事をしていく上で，基礎となる能力**である。特に，価値の多様化が進む現代社会においては，性別，

年齢，個性，価値観等の多様な人材が活躍しており，**様々な他者を認めつつ協働していく力**が必要である。また，変化の激しい今日においては，**既存の社会に参画し，適応しつつ，必要であれば自ら新たな社会を創造・構築していくこと**が必要である。さらに，**人や社会との関わりは，自分に必要な知識や技能，能力，態度**を気付かせてくれるものでもあり，**自らを育成する上でも影響**を与えるものである。具体的な要素としては，例えば，他者の個性を理解する力，他者に働きかける力，コミュニケーション・スキル，チームワーク，リーダーシップ等が挙げられる。」　　　（太字は筆者）

　国の示したこの人間関係形成能力への認識は，これまで示したいくつかのデータと符合するものです。つながりは幸福感と直結し，つながりは変化の激しい時代においては自分の人生を創っていくとても重要なものだと言えます。そして，その重要性は今後益々増していくと思われます。

　しかし，先程，日本人がつながりの中心とする職場の同僚と家族も安定したものではないと指摘しました。私たち日本人は，どのようなつながりをもっていったらいいのでしょうか。

7　安全基地と仲間

　先程紹介したリクルートワークス研究所の「マルチリレーション社会―多様なつながりを尊重し，関係性の質を重視する社会―」（前掲）では，様々なつながりの中で，注目すべき性質として「ベース性」と「クエスト性」の2つを挙げています[11]。ちなみにこの調査におけるリレーションとは，互恵的で，豊かな質をともなう関係性のことです[12]。「ベース性」とは「ありのままでいることができ，困ったときに頼ることができる安全基地としての性質」，「クエスト性」とは「ともに実現したい共通の目標がある，目的共有の仲間としての性質」と説明されています。私たちが幸福になるためには，人間関係における安全基地と仲間としての機能が注目されるということです。

これは，かつての拙著でも「チーム」と「ホーム」という概念で説明することもできます。

　「ホーム」とは，現在の姿の肯定，関係性の維持によるエネルギーの保持，増幅ができる集団のことをいいます。一方「チーム」は，協力的関係と機能的な役割分担によって目的達成を志向する集団のことです。

　「ホーム」は居心地がよいのですが，成長や発展が少なく，人々がもつ達成への欲求が十分に満たされるわけではありません。また，「チーム」は，目的達成への参画によって，成長や発展がもたらされますが，モチベーションの維持や生産性の向上への努力や対人関係が損なわれるリスクを常に負い続けなくてはなりません。人が幸福感を感じるには，それぞれの個性に応じて両方がバランス良く確保される必要があると考えています。

　「マルチリレーション社会―多様なつながりを尊重し，関係性の質を重視する社会―」（前掲）では，このベース性のあるつながりとクエスト性のあ

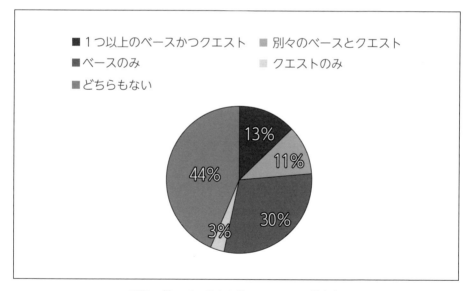

図8　働いている人のリレーションの持ち方
（リクルートワークス研究所，2020 b をもとに筆者作成）

るつながりの確保状況について興味深い調査結果（「働く人のリレーション調査」）を紹介しています[13]。この調査は，全国に居住する，25-64歳の男女就業者を対象として，そのつながりの特徴を明らかにしたものです（図8）。

図8を見るとわかるように，働いている人のうち，ベースかつクエストの機能をもつリレーションをもっているは13%，2つのリレーションを別々にもっているのは11%で，両方をもつのは，24%でした。また，どちらかをもっているのは，33%でそのほとんどがベース機能のリレーションでした。一方で，両方をもっていないのは44%であり，本調査は「リレーションをもつことは，今や，決して当たり前ではなくなった」と結論付けています[14]。

本調査を私なりに解釈すると，働いている人のなかで，ホームとチームの両方をもっているのは4人に1人程度で，どちらかをもっているのは3人に1人でそのほとんどはホームであり，チームをもっているのは極僅か，そして，両方をもたない人が4割程度もいるのです。働いていても4割が豊かなつながりをもてないでいます。つまり，わが国の就業者において，安心や成長の時間を感じることができている人は，4人に1人，そのうち1人は，安心感はあるものの成長実感に欠け，残りの2人は安心感も成長実感も薄いということが推察されます。これは正に冒頭に紹介した，日本人の2人に1人は，幸福感を感じられていない状態と符合するのではないでしょうか。

8 今こそ，他者とつながる力を子どもたちに

これまで学校教育において人間関係づくりは，いじめ，不登校，そしてときには学級崩壊の予防策として注目されることがありました。現在も人間関係づくりに注目し，尽力される学校はそのような目的で実践されていることでしょう。それは大筋で間違っていないと思います。むしろ，これからも積極的に進められていくべきでしょう。

しかし，これまでの実践には，教師が子どもたちをつなげようと頑張りすぎるあまり，「仲良く」，「みんな一緒に」を強調するがために，同調圧力の

ような閉塞感を生んでしまうようなこともあったと思われます。同調圧力に対する忌避感からか，学校関係者の中でも，「ゆるいつながり」や「つかず離れずの関係」など耳当たりのよい人間関係が指向されるようになりました。それらのイメージが誤っているとは全く思いませんが，その実現はとても難しいと感じています。

　耳当たりのよさの一方で，他者に必要以上にかかわらない「冷たい関係」を助長してしまっている場合もあるのではないでしょうか。私たちが成長，発展するためには，「耳の痛い話」をしてくれる人も時には必要です。「耳の痛い話」は文字通り，痛みを伴います。中途半端な関係性でそれをすると関係が破綻してしまうことがあります。目の前の子どもたちの関係性を見てみてください。全肯定するか，全否定するかの極端な関係になっていませんか。肯定の関係は，他者が何をやっても「いいね」「ありだね」と認め，一緒にいる分には，まあまあ楽しいし独りぼっちになることはありません。否定するのは精神的に疲れますから，今の子どもたちは「かかわらない」という選択をしているのではないでしょうか。

　「ゆるいつながり」とは，余計な干渉はしないが，困ったときは助け合うわけであり，ネガティブな部分を他者にさらけ出す必要が出てきます。接近と回避の中間に立つ，とても難しい関係です。そこにはそれ相応の信頼関係が必要となります。耳当たりのいい話は，実現するときには，大抵の場合，多大なコストがかかるものではないでしょうか。

　学校教育が忘れてはならないことは，「子どもたちを幸せにする」ことです。そして，さらに大事なことは「子どもたちが幸せになる」力を育てることではないでしょうか。われわれの幸せの実感が，つながりの量と質に関係しているのだとしたら，学級をまとめるためではなく，子どものたちの幸せのために，ある程度の量があり，かつ良質なつながりのある学級経営をしていく必要があるのではないでしょうか。

　そして，それ以上に大切なことは，子どもたちが自らつながり，自らのネットワークを構築するような能力を育てることではないでしょうか。まとま

りのいい学級づくりや仲間づくりといったこれまでの学級経営の流れは，もちろん無視できないくらい大切な営みであり続けるでしょう。ただ，それはともすると，教師や社会性のあるクラスメートに依存する受身体質の子どもたちを一定数育ててしまっている可能性があります。これからは，子どもの幸せになる力を見据えて，自ら安全基地と仲間といった幸福感の基盤となるような人間関係をつくる力を引き出し，育てる学級経営をしていくことが求められているのではないでしょうか。

　今世の中はデジタル化，DX化によって，人と人とが直接触れ合わなくてもいいような道具と仕組みの整備が進んでいます。コロナ禍はそれを加速させると同時に，なんとなく人々がもっていた人と人とが関わることに対する煩わしさに対する正当性を与えることに一役買ったように思います。それまでは，たとえ面倒でも人づきあいは大事にした方がいいと消極的に関わっていた人たちに，関わらなくてもいいとお墨付きを与えたのではないでしょうか。

　しかし，本章における調査等から私たちが幸福感と共に生きるためには他者とのつながりが重要な鍵を握ります。学校教育では，子どもの「将来のため」に学力をつけるために，教育内容やカリキュラムが整えられ，授業法の工夫もしています。ところがその一方で，人とつながる力については，そうした体制による整備は十分とは言えず，学校任せ，個々の教師任せになっているのではないでしょうか。

　人とつながる力が必要なのは，何も子どもの「将来のため」ばかりではありません。いじめは勿論，不登校も個人的要因よりも教師や子ども同士の関係性要因から起こっていることが近年の調査からわかってきました。教室の心理的安全性を脅かすのは，なによりも人的リスクです。つまり，子どもにとって教室における最大の脅威は人間関係なのです。将来の幸福だけでなく，子どもの「今ここ」の幸せのために，他者とつながる力をつけることは，学校にとって大事なミッションなのです。

【参考文献】

1 持続可能な開発ソリューション・ネットワーク「World Happiness Report 2023（世界幸福度報告書2023年版）（第11版）」2023年（https://worldhappiness.report/ed/2023/ 閲覧日2023年7月20日）

2 リクルートワークス研究所「Works Report 2020 5カ国リレーション調査【データ集】」2020年 a（https://www.works-i.com/research/works-report/item/multi_5.pdf 閲覧日2023年8月16日）

3 リクルートワークス研究所「次世代社会提言プロジェクト―マルチリレーション社会：個人と企業の豊かな関係―」「【提言ブック】マルチリレーション社会―多様なつながりを尊重し，関係性の質を重視する社会―」2020年 b（https://www.works-i.com/research/works-report/2020/multi_03.html 閲覧日2023年11月1日, https://www.works-i.com/research/works-report/item/multi2040_3.pdf 閲覧日2023年8月16日）

4 前掲3

5 中央教育審議会「幼稚園，小学校，中学校，高等学校及び特別支援学校の学習指導要領等の改善について（答申）」平成20年1月17日

6 杉田洋『よりよい人間関係を築く特別活動』図書文化，2009年，pp.160-161

7 前掲6

8 文部科学省『小学校学習指導要領（平成29年告示）解説総則編』東洋館出版社，2018年

9 文部科学省「小学校キャリア教育の手引き―小学校学習指導要領（平成29年告示）準拠―（令和4年3月）」2022年

10 前掲9

11 前掲3

12 前掲3

13 前掲3

「働く人のリレーション調査」：全国の25-64歳の男女就業者が対象。2019年12月19日〜23日にオンラインで調査を実施。有効回答数は3273名。

14 前掲3

第**2**章

つながる力を育てるために
教師は何ができるか

1 教師がすべきただ一つのこと

（1）「5年生というもの」を理解すること

　6月の学級会でのこと。遊び係から，次のような提案がありました。

　　新しいクラスになって，最初は緊張していました。同じクラスになった
　ことがない人もたくさんいました。だから，仲良くなれるか心配でした。
　でも，みんないい人で，だんだんクラスもいい感じになってきました。も
　っとみんなが仲良くなれるように，毎日，中休みにドッジボールで全員遊
　びをしたいと思います。

　この提案に対し，次のような賛成意見が出されました。

・4年生の時も全員遊びをしていたからよいと思う。
・みんながもっと仲良くなれると思うから賛成。
・女子は日に焼けるとかドッジボールは苦手とか言って，あまり外遊びしな
　い。全員で遊ぶと決まっていたら，そういう女子もちゃんと外遊びをする
　から，やった方がいいと思う。

　満場一致で「毎日，中休みに全員遊びをする」となるかという場面。一人
の女の子が恐る恐る手を挙げましたA子さんです。A子さんは，目をぱちぱ
ちさせながら，小さな声で言いました。

・私は，休み時間に本を読んでいたいです。だから全員遊びをするのには反
　対です。

みんな，ぎょっとしました。どちらかといえば大人し目で，授業でも手を挙げて発言することなどあまりないＡ子さんがそんなことを言い出したのですから。さて，ここから長い議論が始まります。

・みんなで遊ぼうと言っているのに，一人だけ本を読んでいたいというのはわがままだ。
・本が読みたいなら，家でも読める。でも，全員遊びは学校でしかできない。
・Ａ子さんは，みんなと仲良くなりたくないのか？

　と，全員遊びを積極的に推している子たちの意見はこうです。何となく，教室中がＡ子さんを責めているような空気になったとき，Ｂ子さんがぽつりと言いました。

・休み時間に本が読みたいっていうのは，わがままなのかな……。

　これをきっかけに，話し合いは次のように流れていきました。

・わがままだと思う。みんなでやろうとせっかく盛り上がっているのだから，本読みくらい我慢するべきだ。
・本が読みたいって気持ちはわかるけど，休み時間の間くらい我慢できるんじゃない？
・どうして，本を読みたい人ばかりが我慢しなきゃいけないの？人数が多い方に合わせろってこと？
・そもそも，休み時間って好きなことやっていい時間じゃないの？
・休み時間って，自由な時間だよね。じゃあ，自由って何？
・自由って，好き勝手やっていいってことじゃない。だから，本読みがしたいというのは好き勝手でわがままで，自由とは違う。
・先生，休み時間って，何ですか!?

いよいよ私の出番。そこで，休み時間とは誰にも拘束されない自由に過ご
してよい時間であること，授業とは違いすべきことが決まっていない時間で
あることを話しました。

・ということはさ……。やっぱりさ，全員遊びがしたいっていうのも読書を
　したいっていうのも，同じく自由ってことじゃない？
・確かに。それにね，全員で遊ばなきゃ本当に仲良くなれないのかな。しか
　も毎日。
・俺は，ドッジボールがしたいから，全員でやらなきゃつまらないと思って
　る。5人くらいでやってもつまらないから。
・でもさ，本当はしたくないのに嫌々やってもつまらなくない？嫌々参加し
　ている人がいたら，それもつまらないと思わない？
・ゲームって途中でやめると早く続きがしたいって思うよね？本好きな人に
　とってはそれと同じなんだよね。
・休み時間に本を読みたいからって，それはみんなと仲良くなりたくないっ
　てことではないよ。それとこれは別の問題。

　最終的には，休み時間は誰もが自由に過ごす権利のある時間であること，
だから，ドッジボールをしたい人はすればいいし，したくない人は好きに過
ごせばいいということになりました。
　また，「人には色々な思いや好みがある」ということに鑑み，これまでドッ
ジボールに偏りがちだった遊びを，室内遊びや他の外遊びもしようという
ことになりました。
　ちなみに，A子さんはというと……。休み時間の多くを教室で読書をして
過ごしましたが，時折ドッジボールに参加していました。
　このエピソードから，「5年生」というものを象徴的に考えてみたいと思
います。
　5年生は，思春期の入り口です。4年生のように，ギャングエイジ真っ只

中というのとも，6年生のように思春期爆走中というのともちょっと違います。ギャングエイジ的な徒党を組む勢いや発散的なエネルギーと，論理的なものの見方や視野の広がりが同居する，5年生とはそんな時期なのではないでしょうか。

　こうした目でこのエピソードを読むと，

・仲間意識，帰属意識が強い。仲間と一緒に行動すること，友だちとの時間を大切にしたいという気持ちが見える。
・「同じ志向性のもの」「同性同士」が，「仲間」として認識されやすい。
・自己主張すると同時に，他者視点で物事を捉え，考えようとすることができる。
・持論に終始せず，論理的に考えようとする。

　以上のことから，本書では，5年生の特徴を次のように捉えます。

> ・4年生的な凝集性をもつ（6年生のような視野の広さはない）
> ・6年生的な論理性と客観性がある（4年生のような爆発的な勢いはない）

　たった一つのエピソードで「5年生というもの」を語れはしません。しかし，専門書にある姿が教室の姿でもないはずです。知識で子どもを観るという一方で，子どもの姿にある理論は何か？という目で理解することが，私たち現場の教師には必要ではないでしょうか。

【参考資料】
厚生労働省「思春期のこころの発達と問題行動の理解」e-ヘルスネット
文部科学省「3．子どもの発達段階ごとの特徴と重視すべき課題」

（2） 枠を示すこと

　先のエピソードから，二つの問いを抽出します。

> ・なぜ，Ａ子さんは，賛成多数の中でありながら異を唱えることができた
> 　か。
> ・なぜ，集団は，Ａ子さんの異議を却下せず取り上げることができたか。

　まず，一つ目の問いから考えましょう。

　前述したとおり，Ａ子さんはどちらかというと大人しいタイプで，手を挙
げて発言することもあまりありませんでした。だからといって，Ａ子さんが
何も考えていない，意見をもっていないということではありません。読書家
であるＡ子さんは，自分なりの観方や考え方をもっていた子でした。ただそ
れを言えない，もしくは，言わないというだけでした。

　では，なぜ，Ａ子さんは，言えなかったのでしょう。言わないという選択
をしたのでしょう。考え得る理由を挙げてみます。

・他者に自分の思いや考えを知られたくない。
・他者に自分の思いや考えを伝える必要がない。
・人前で話すのが苦手，嫌い。

　一つ目の「他者に自分の思いや考えを知られたくない」というのは，自己
開示をしたくないということです。過去の経験やその子の性分など理由は
様々でしょうが，そもそも自分の内面をさらけ出すことに抵抗をもっている
と考えられます。

　二つ目の「他者に自分の思いや考えを伝える必要がない」というのは，必
要感の問題です。他者に伝えなくとも困ったことがなかったという環境であ
ったか，伝えるほど必要感を覚えた場がなかったということでしょう。

三つ目の「人前で話すのが苦手，嫌い」は，一つに，恥ずかしいとか緊張するとかといった，本人の性格的な要素があります。元々の性格ではなくとも，過去に恥ずかしい思いをしたとか，そもそも発言の経験が少ないとか，後天的な理由でそうなる場合も少なくありません。また，うまく話せない，話し方を知らないなどスキルが獲得できていないために話したくないという子もいます。

　こうした背景があったと想像するA子さんが，なぜあの場で発言したかということを逆説的に考えてみると，

・どうしても，自分の思いや考えを伝えたかった。
・自分の思いや考えをみんなに伝える必要があった。恥ずかしいとか嫌だとかという思いを越えて，その必要があった。

と言えると思います。つまり，A子さんがあの場で自己開示できたのは，

・どうしても言いたいという強い思い。
・どうしても伝えなくてはならないという必要感。

があったと言えると思います。

　次に，二つ目の問い「なぜ，集団は，A子さんの異議を却下せず取り上げることができたか」について考えてみます。これは，「この集団がどんな集団だったからできた」という視点で考えてみます。

・異なる考えを排除せず，耳を傾けることができる集団だった。
・多数決の原理ではなく，少数派の意見も大事にできる集団だった。
・力で押し切らず，互いの納得の上で結論を出そうとする集団だった。
・「一部の人にではなく，みんなにとってどうか？」という視点で考え，判

断することができる集団であった。
・他者の考えを聞き，自由に考えを転換できる集団であった。
・力関係がなく，自由に意見できる集団であった。

　つまり，あの場でA子さんの意見が却下されなかったのは，

・全ての人を尊重しようとする集団だった。

からではないでしょうか。
　このクラスがもともと凄くよくできた子たちの集まりだったかというと，そういうわけではありません。あるいは，6月の時点ですでに出来上がっていたかというと，そうでもありません。このときは，集団としては未熟でした。子ども同士の関係性も互いに様子見のところがありました。ですから，みんながA子さんを理解し，A子さんが安心して発言できる関係ができていたわけではありませんでした。
　4月の学級開きで，私は，「この1年，この方針だけは絶対に揺るがさない」というものを示しました。詳しくは3章の学級開きの項で記していますが，簡潔に言えば「自他の存在を大事にすること」を話しました。
　「自他の存在を大事にする」とは，要は，自分も他人も大事にせよということです。ことばにしてしまうと至極当たり前で簡単なことのように思えます。しかし，自他尊重とは，そんなに薄っぺらなものではありません。自分を大切にするとはどういうことか，他人を大切にするとはどういうことかと，その中身を考えれば，容易く答えが出ることではありません。答えが一律であるものでもなく，時と場合や関係性によっても変わります。ですから，教師が「これが真理だ」と示すことなどできないのです。それを示すこと自体が押し付けであり，子どもが自ら考えるという機会を奪うことであり，それはもはや他者尊重ではないとも言えるからです。ですから，私は，「自他を尊重すること」を示したのち，全てがそこに行きつくよう指導をしてきたの

です。

　学級開きからたった2か月ではありましたが，恐らく，子どもたちは「自他を尊重する」という方向で育っていたのだと思います。A子さんが「自分さえ我慢すれば」と自己犠牲的な選択をせず自己主張したのも，みんながたった一人の考えを潰さなかったことも，それぞれが「自他を尊重するとはどういうことか」を考えながら2か月を生きてきたからだと考えます。ですから正確に言えば，「この集団が他者尊重できたクラスだったから」ではなく，「他者尊重しようとしていたクラスだったから」生まれた話し合いだったと思います。

　もしこの話し合いでA子さんの発言が取り上げられなかったらどうなっていたでしょうか。恐らくA子さんが意を決して自己主張することは，その後なかったでしょう。自分の考えを伝えても無駄だと心を閉ざしていたに違いありません。この教室でA子さんが本音を言うことも，考えの違う人と積極的に関係を結ぶこともなかったでしょう。

　クラスのみんなも，A子さんのような考え方や趣味嗜好の違う人を理解しようとすることもなかったでしょう。あの人はちょっと変わった人と敬遠したり，自分とは違う世界の人と無関心になったりしていたと想像します。教室は，多数派と少数派，アウトドア派とインドア派，女子と男子，活発と内気……，そんないくつもの括りでカテゴライズされ，分断されていたに違いありません。

　子ども同士になぜつながりが必要かは，第1章で赤坂先生が様々な角度から語ってくださっています。ですから「教室につながりをつくることが必要なのだ」という前提で，教師に何ができるかといえば，私は

> **これだけは絶対に揺るがさないという「枠」を示すこと**

だと思っています。教師はこの枠に基づき指導し，この枠の中で子どもたちが自由に成長できるような手立てを授けることだと思っています。

2 教師にしかできないたった三つのこと

（1） つくること，教えること，用意すること

他者とつながるために必要なのは

・自己開示をすること
・他者を受容すること

この二つに尽きると考えています。つながることの出発点は「自分はどう考えるか」です。何を見ても何も思わない，何を経験しても何も考えない，そんな中身の空っぽな自分に他者とつながる何があるのでしょうか。ですから教師は，何をどう見るか，どう考えるかという視点や術を教えるのです。

　せっかく考えたことを伝えようと思えなければ，自己を開示することはできません。「伝えたい」という思いの向こうには，「伝えたい」と思う人がいることです。伝えたことを受け止めてくれる，そういう仲間や場があることです。ですから教師は，伝えたことを受け止めてくれる場をつくるのです。

　せっかく伝えようとしても，どう伝えてよいかわからなければ伝えることはできません。伝えたいことが伝わらなくてがっかりしたり，伝えようという意欲さえもしぼんでしまったりするかもしれません。ですから教師は，どう伝えればよいかを教えるのです。自分の思いや考えがちゃんと相手に伝わるように，自分のことばで伝えられるにはどうしたらよいかを教え，身に付くようにするのです。

　せっかく他者の意見を聞いても，何も感じなければそこから世界は広がりません。自分とは違う他者はなぜそう感じ，そう考えるのか，そんな好奇心が生まれなければ，それ以上他者とつながることなどできない。だから，自分の考えをもつのです。自分の考えがあるから，自分と比べて他者について

考えることができるのです。

　せっかく自分の考えをもっても……。そうなのです。自己開示することと，他者受容することはつながっているのです。自己を開示しても他者が受容してくれなければ他者とつながれない。他者を受容しようとしていても，開示してもられえなければしようがない。自己を開示するから他者とつながり，他者とつながるからさらに自己を開示する。学級もこうした「自己開示と他者受容のループ」の中にあるのです。学級のつながりは，こうしたループの上に紡がれていくものだと考えます。

　学びとは，その人の中身をつくること。伝えたい中身をつくるのが学校教育のそもそもの使命とすると，その上で教師ができることは，たった三つ。

・つながる場面をつくること。
・つながり方を教えること。
・つながるためのアイテムを用意すること。

　3章では，教師がどのように枠をつくっていくか，その枠に沿ってどのように実践していくかを示します。「この実践は，この枠の中で成されていくものだな」と考えながらお読みいただけると幸いです。

　また，「場」「つながり方」「アイテム」についての記述もたくさんあります。こちらも，単なる「ネタ」「方法」ではなく，「枠」を具現化するためのものであることをイメージしてお読みください。

　「枠」と「場」「つながり方」「アイテム」のその先に，子どもたちをどのようにつなげ，どのようなつながりをクラスに生むかを，「ある5年生の1年間の物語」と並走して語ります。

第**3**章

人間関係形成能力を育てる
学級経営365日　5年

子ども同士が安心して つながる土台をつくる

1 前学年までの歴史を掴み，安心感の土台をつくる

（1） 集団が歩んできた歴史を掴む

　5年生にもなると，過去4年間の集団として積み上がってきた歴史があります。まずは「大人しい」とか「やんちゃ」という集団としてのおおまかな傾向と，「女子のけんかが多い」「よく勉強する」などの際立つ特徴を把握します。そうすることで，何に留意して指導し，何を伸ばすかのおおよそを掴むことができます。次の観点をベースに情報収集するのがよいでしょう。

・学習に関すること
　学力の全体的な傾向と教科における特徴を把握します。指導要領からだけではわからない，指示の通りやすさや共同的な活動の成立度も聞いておきます。そうすることで，集団にどのくらい協働性が育っているかが分かります。併せて，学年や学級で独自に取り組んでいたことも聞いておくと授業づくりの参考になります。
・生活に関すること
　係や当番活動の様子を訊くことで，自治的な活動の成熟度の一端を知ることができます。時間や提出物の期限を守ることができるか否かでも，集団としての自立度を見る目安となります。

（2） 個人間の人間関係の歴史を掴む

　担任が過去の人間関係を把握しておくことは，子どもや保護者からの信頼を得ることに繋がります。「先生は，過去のことまでわかってくれていてこのように指導してくれているのだ」「先生たちの間でしっかり引き継いでくれているのだ」など，学校として一人ひとりを大事にしているという姿勢を伝えることにもなります。

　そのためには，まず，過去のトラブルやもめごとについて掴んでおくことが肝要です。担任がどのような指導をしたのか，どのような結末で終えたのか，その後の関係性はどうだったかについても聞いておきます。

　とりわけ，当該児童が納得して着地したのか否かを掴んでおくことは重要です。納得していないときは，多くの場合，指導過程に不満があるものです。ですから指導過程のどこに不満があったのかについても把握できるとよいでしょう。この場合，当時の担任の指導を否定したり，不信感を示したりしないよう気を付けましょう。あくまでも今後の指導の参考にさせていただくという姿勢で聞きましょう。

　また，保護者のかかわりについても聞いておきます。保護者の意向がそのまま子どもたちの人間関係に影響することも少なくありません。子どもは和解しているのに保護者同士が……，ということもよくあることです。保護者が指導に納得していたかも含めてリサーチしておくとよいでしょう。

　安心感なくして子ども同士のつながりはできません。わかってくれている，見てくれているという小さな信頼の積み重ねの上に安心感は生まれます。

まとめ

①まずは，教師とのつながりをつくるために「わかる」。
②「わかってくれている」という安心感の上につながりはできる。

2 学年のゴール像を共有し，ポジティブにつながる土台をつくる

（1） ゴール像を明確にする

　子どもたちの実態を把握したら，次はゴール像を明確にします。「どんな学級（学年）にしたい？」「どんな子を育てたい？」という根本を定めます。つまり，子どもたちがどこに向かって歩けばよいかのゴールを見えるようにするのです。こうすることで，学年団が同じ方向を向いて子どもたちを育てることができます。

　この年の学年は，やんちゃでトラブルや喧嘩が多く男女の仲も悪い集団でした。エネルギーはあるのですが，その向く先が自分勝手でバラバラなのです。力の強いものが幅を利かせる傾向にもありました。

　エネルギーはあるということは，その使い方さえ間違わなければすごい力を発揮できるということです。今はまだエネルギーをよい方向に向けられずにいるけれど，どこに向かってどのようにエネルギーを発揮すればよいかがわかれば，きっと元気いっぱいの面白い集団になると私たちは考えました。エネルギーを他者を攻撃するために使うのではなく，他者を大事にするために使う。そのためには，まず自分を大事にできるようにすること。そんなことを語り合い，この年のゴールを「自分も友だちも大切にして向上しようとする子」と定めました。

　全ての指導の先には「自分も友だちも大切にして向上しようとする子」があるのです。指導を通し，子どもたちに「自他を尊重し，成長につなげているか」と問い続けるのです。子どもたちは，指導を通じてこの問いに何度も向き合い，「自分も友だちも大切にし，向上する子」が共通の目標であることを理解していきます。共通の価値観のもとで協力し合うことで，ポジティブなつながりが生まれていきます。

（2） 同じゴール像をイメージする

　イメージを共有するために，思考を視覚化しました。特に，学年団で話し合うときには，イメージのズレが生じないようにすることが肝要です。画像のように要点をメモしながら話し合うとよいでしょう。

　メモは全員が持ち，いつでも確認できるようにしておきます。学年の共有スペースなどに掲示し，適宜確認できるようにしておきます。

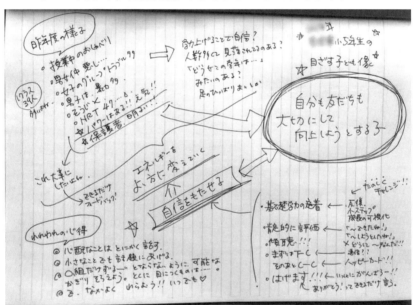

まとめ

①まずは，学年団が同じゴールに向かってつながる。
②イメージが共有できるよう，話し合ったことは可視化しておく。

【参考文献】宇野弘恵著『スペシャリスト直伝！小１担任の指導の極意』明治図書，2016

3 学年で指導方針を共有し，主体的につながる土台をつくる

（1）　ゴール像をいかに具現化するかを話し合う

　ゴール像が決まったら，具体的にどのように指導していくかを話し合います。「自分たちでできるように視覚指示を増やそう」「暴力には絶対に厳しい指導が必要だよね」というように，ゴール像を具現化するためにどのような指導が必要か，ふさわしいかを話し合うのです。

　年齢や経験年数，性別やキャラクターなどが違えば，指導方法やアプローチの仕方も変わってきます。細部までがんじがらめに決めてしまうと，同じような指導ができない人がでてくるかもしれません。かといって，許容範囲を広くもち過ぎると，結局学年でバラバラの指導になってしまいます。

　例えば，「暴力には厳しく指導しよう」という方針が出されたとします。からだが大きく迫力のあるベテラン教師と，新卒3年目の若手教師が同じように厳しくしても，子どもには違って受け取られる可能性があります。ベテランが凄みのある声で諭せば「パワハラ」と受け取られるかもしれませんし，若手がそれをやれば「ヒステリック」と揶揄されるかもしれません。

　要するに，人それぞれの特性に合わせて指導方法を調整すればよいのです。指導のアプローチを均一することではなく，指導の方向性を共有することが大切なのです。

　各々の特性に合わせた指導を行いつつ，協力と協調の姿を子どもたちに見せることは，違いを尊重しながら協力できるモデルを示すことでもあるのです。

（2） 指導方針は，みんなで共有する

　子どもの指導にはたくさんの先生が関わります。教科専科や特別支援教諭の他，スクールサポートや支援の先生などが授業に入る学校もあると思います。そうした先生にも同じ方向性で指導や支援をしてもらえるよう，関わる教職員全員に指導方針を明文化したものを渡します。

　「自分も友だちも大切にして向上しようとする子」を具現化するために，自分で考え，自分で判断し，自分で実行し，自分で結果の責任を負えるような指導をしようと決めました。自分の意志決定を優先させるため，大枠を示したあとは子どもたちに任せようという方針になりました。

　学年団の先生方は，自分たちで考えられるように視覚指示を活用し，子ども同士で相談しながら活動できるようにしていました。質問にも安易に答えず資料を読み直すよう促したり，「あ，失敗するな」と思っても敢えて見守ったりしました。

　ところが，学習支援の先生は，子どもが困っているとすぐに手助けし，失敗しないように先回って何でも指導します。そうすると，子どもはこの先生は何でも教えてくれると思い気軽に質問に行くようになってしまいます。

　「何でも教えてもらえる」ということは，言い換えると自分で考えなくなるということ。一人ひとりがその都度自分で考えて行動しなければ，他者との良好なつながりは生まれません。よかれと思っての支援，指導であったとしても，子ども同士の関係づくりを阻害する遠因になってしまうのです。

まとめ

①指導法ではなく，指導方針を揃えて安心感を生む。
②子どもに関わる全ての教職員ともつながる。

【参考文献】宇野弘恵著『スペシャリスト直伝！小学校高学年担任の指導の極意』明治図書, 2023

4 学級のシステムで，つながりが生まれる土台を
つくる〜システムづくりの思想

✳ 教育観とシステムを一貫させる

　学級のシステムづくりは，日常生活を円滑に行う上で重要なことです。ですから，多くの先生方は，「学級システムをどう敷くか」という方法探しに腐心します。「どうしたら掃除が早く終わるか」「どうしたらさぼる子が出ないか」などと，「うまく」いく方法を考えます。しかし，こうした現象面だけを志向すれば，その先にどういう子が育ちどのような関係性や集団が形成されるかということに目を向けることができません。

　方法は，教育観とつながっていてはじめて機能するものです。「こんな子を育てたい」「こんな力を育むのだ」という思想がまずあって，それにふさわしい，あるいはそれに必要な方法を選択するのです。どんな学級システムにするかは，どんな学級にしたいか，どんな子を育てたいかの先にあるものなのです。こう痛感したエピソードを紹介します。

　かつて，2年生を担任していた頃の話です。当時36人のやんちゃな2年生は，掃除が上手ではありませんでした。時間はかかるし，きれいに掃除できないし，ケンカは始まるしさぼる子はいるし。ほとほと悩んだ私は，誰もさぼらず早く掃除が終わる方法を考えました。

　ほうきなどの役割を完全に割り振って，日替わり交代。リーダーは掃除をせず，教壇の上に立って「机を運んでください」などとみんなに指示します。他のメンバーは必ず「はいっ！」と返事をし，即座に行動に移します。全ての子がリーダーとフォロワーの立場を経験できるので，その気持ちや大変さも体験します。ですからさぼる子もいなくなりました。掃除もものすごく早く終わるようになりました。これは，自分の役割に責任をも

たせられるよいシステムだと自負していました。

　この年，この掃除実践を発表する機会をいただきました。私の発表を聞いた長野県の元小学校教師・平田治先生は，

　「いったい，誰のための指導なんだろうね」

と，ぽつりとおっしゃいました。誰のための指導かなど考えたこともなかった私は，脳天をかち割られたように感じました。ああ，もしかして私の自慢の掃除は私のためのシステムだったのかと，初めて自分の指導に疑問が湧いたのです。自慢のシステムは，「言われた通りに動く子」を育て，単に掃除を終わらせるだけの方法にすぎなかったことにようやく思い至りました。

　私が考えた掃除のシステムを続けていくと，子どもたちにどんな関係性ができていくでしょうか。

　誰かに指示されて動くということは，指示されていないことはしなくてもよいということです。つまり，指示されたことさえし終えてしまえば，目の前にまだ雑巾がけをしている子がいたとしてもスルーしても良いのです。重い机を運んでいる友だちもゴミ箱を倒してしまった子も，知らんふりをしていても許されるのです。誰かが汗水垂らしていても気付けない，気にならない，手助けしたいと思えないという冷たい関係が出来上ってしまいます。

　システムの効率化は大切です。しかし，そのシステムを運用することで子どもたちに何をもたらすのかの視点がなければ，教室に意図せぬ関係性が生まれることもあります。どんな子やクラスにしたいのかという教育観とシステムは一貫しているのか，そんな視点を忘れてはいけません。

まとめ

①方法と教育観がつながっているかを考える。
②システムがどんなつながりが生むかを考える。

学級のシステムで，つながりが生まれる土台を つくる～日直，当番，係，席替え

（1） 日直の仕事でつながりを生む

　日直の主な役割は学校生活をスムーズに進めるための先導役であると，私は捉えています。仕事の中身は様々でしょうが，主な役割として①朝と帰りの会の司会②授業のあいさつ③日付などの教室掲示や連絡が挙げられるでしょう（これを係の仕事として位置付けているところや，違う仕事を付加しているところも多いと思います）。

　先生の下請け的にも見える日直の仕事ですが，子どもが主体性を発揮しながらつながれるシステムをつくることも可能です。

・朝の会，帰りの会の司会

　年度当初は，シナリオを掲示します。流れがわかり慣れてきたら，プログラムの掲示に切り替えます。プログラムだけになると，どのように言えばよいかがわからない子が出てきます。その時にすぐに助け舟を出してはいけません。教師がしばらく黙っていると，「次は○○だよ」と教える子が出てきます。そうした子が出てきたときに，困った時は助け合うことの価値を伝えます。助ける子が出なかったときは，日直が自分で訊く，周りの子が教えるという方法を伝えます。

・授業のあいさつ

　色々なあいさつの仕方がありますが，その月にあった俳句にするのもおすすめです。日直が「五月雨を」と言い，他が「集めて早し最上川」と声を合わせます。俳句の意味や言い方などから，自ずと会話が生まれます。

・日付などの教室掲示

　学級の掲示板に日直の一言を書くコーナーを作っておきます。ポジティブで独自性のある言葉を書くこととし，自由にコメントできるようにします。

（2） 当番活動でつながりを生む

　当番活動の肝は，役割を決めないことだと思っています。多くの先生は，誰が何をするかという役割を決めることで滞りなく仕事ができるようにと考えます。責任の所在もはっきりしますから，責任感をもたせるという観点からは良い方法と思います。

　しかし，役割を決めてしまうことで自分の役割以外はしない子が生まれたり，役割を遂行しない子へ批判的な感情が生まれたりします。これらを打開する指導もあるとは思いますが，ネガティブな感情がネガティブな関係性につながらないよう，最初から役割を決めないという方法をとります。

T：当番の役割分担をしないことで，どんな心配がありますか？

C：決まっていないからやらない人が出てくる。何をしていいいかわからない。人任せになる。楽なものばかりやる。誰もやらない仕事が出る。

T：では，役割が決まっていることで，どんな心配がありますか？

C：決まったことしかやらない。他の人のことに気付けない。全員がちゃんとやらないと終わらない。嫌な仕事もしなきゃならない。

T：教室の床にごみが落ちていました。拾いますか？

C：自分のなら拾う。他人のなら知らんふりするかも。

T：教室で困っている人がいたら声をかけるでしょう？それって，役割だからですか？声をかけた方がよいと判断したからですよね。かといって，先生に「声をかけてあげなさい」と言われたら「何で !?」と思いますよね。

　つまり，この教室では，自分で考えて必要だなと思うことを自分からできることを大事にしたいのです。当番活動で，自分から物や人に関わる力をつけて欲しいから役割分担をしません。よいと思うこと，その場に必要と思うことを考えて実行してください。

（3）　係活動でつながりを生む

　楽しく幸せに学校生活を送りたい，教室に笑顔が溢れ豊かな日々であって欲しいという願いは，全ての子が望んでいることです。しかし，楽しさや幸せ，豊かさとは，誰かから与えられるものではありません。自分の力で獲得するものです。自分の努力や働きかけによって生まれるものです。係活動を行うということは，自分が場に貢献し場に幸福を生むということではないでしょうか。

　どんな係にするかを考える前に，子どもたちにはこのことをよくよく理解させる必要があります。そうでなければ係活動は与えられたものであり，しなくてはならない面倒なものになってしまうからです。

　私はこうした話をした後，

・クラスが今よりもっと楽しく幸せになるための活動。

・自分の好きや得意を生かせる活動。

という視点で，自分がしたい仕事を理由と共に紙に書かせます。

　集めた紙をその場で，同じ係，似た係，どんな係かの説明が必要な係に分けていきます。どういう係なのかわからない場合は説明を求め，似た係の場合はその違いを尋ねます。似た係に見えて同じものは本人たちの同意を得て統合し，違えば個々の係としてつくります。人数が多すぎると思う係にはテーマを分けて別係にするか否かを問い，一人きりの場合はどうするかを尋ねます。「一人でも OK」となればそのままですし，「一人ではちょっと」となれば似た趣意の係に編入，統合できないかを探ります。こうすれば，自分の意志で係を選定することができますし，自分の願い通りの活動で学級に貢献することができます。

　このように，個々の好みや特性に基づいて係をつくると，人にはそれぞれ異なる趣味や嗜好性があることが顕在化します。同じ趣味・嗜好のもの同士が新たにつながる機会でもありますし，自分とは違う趣味・嗜好を受け容れる目をつくることにもつながります。

（4）　席替えでつながりを生む

　席替えは子どもたちにとって楽しみなものです。席替え方法のメリットとデメリットをまとめてみました。

方法	メリット	デメリット
教師が決定	・人間関係を見て決められるので，トラブル回避につながる。	・子どもの希望や思いが叶いにくい。教師目線で見ることの落とし穴もある。
くじ引き	・偶然性を愉しめる。恣意的なものをすべて排除できる。	・教室が騒がしくなったりトラブルが起きたりする。
子どもの話し合い	・自治的な力を養える。子どもの希望や思いに基づいて決められる。	・子どもの力関係が反映されやすい。話し合い決裂で関係性悪化の可能性もある。
好きな場所に座る	・自由。自治的な力や主体性，責任感を育める。	・人間関係の固定化，力関係の増幅を生む可能性がある。

　子どもたちから「くじ引きで決めたい」との申し出があり全員で話し合ったことがありました。教師に決めて欲しいという子も半数おり，結果，くじ引きと隔月で行なうことになりました。どちらも主訴は「より良い関係の構築」。どの方法をとるにしても，子どもたちが納得し，自己規律しながら良好な関係を紡げる方法を選択することが大切です。

> **まとめ**
>
> ①方法の先に，どんなつながりができるかを考える。
> ②細部まで決まっていない「余白」が，子ども同士のつながりを生む。

【参考文献】宇野弘恵著『スペシャリスト直伝！小学校高学年担任の指導の極意』明治図書, 2023

春休み

4月

5〜7月

9〜12月

1〜3月

6 学級のシステムで，つながりが生まれる土台をつくる〜教室設営，グッズ，掲示物

（1） 安全第一がネガティブなつながりを排除する

　スクール形式，コの字型，アイルランド型……。つながりが生まれやすい教室設営を考える上で，机の配置の仕方も考慮事項の一つです。いずれにも一長一短あり，この並び方にしたから対話的な教室になるということではありません。しかし，机の並べ方といった形式的なことよりも，もっと大事にしなくてはならないことがあります。それは，心理的安全を確保することです。心理的安全がない環境では，ネガティブなつながりが生まれるからです。

・死角をつくらない

　死角ができると，怪我などの心配があるほか，物隠しなどのトラブルも懸念されます。トラブルの多くは教師の目を避けたところで起きます。教師用机をどこに配置するかも含め，死角がないよう配置します。

・整然とした教室環境にする

　教室が雑然としている，個人のロッカーや棚のなかもぐちゃぐちゃ……。そうした環境なら，物がなくなっても探すのが大変です。紛らわせる場所がたくさんあれば，物隠しも簡単にできてしまいます。教室が整然と整うような配置計画をしましょう。

物の置き場を明示する。
個人の棚の使い方も決める

（2） つながりが生まれるグッズを置く

　物を介すことで対話が生まれます。子どもたちが自由に遊んだり使ったりできるグッズをいくつか常備しておきます。

・ぬいぐるみ

　私のクラスには，ペンギンをはじめ，いくつかのぬいぐるみや人形があります。それぞれに名前がついています。

　子どもたちは，ぬいぐるみで人形遊びをしたり，勝手なストーリーとともに，教室のあちこちに並べられたりしています。

　「ちゃんと靴を履こうね」など，言われると煩わしいことをぬいぐるみに言わせることも。

　ぬいぐるみや人形は，子ども同士をつなぐクッションのような役割を果たします。

・指示棒

　私の指示棒はこの３本。子どもたちが，前に出てきて説明するときに好きなものを選ばせます。お星さまは「魔法がかかる可能性がある」と言ってあ

るので，休み時間に魔法ごっこが行われることも。

　孫の手は上下に揺らすと音が出て愉快。休み時間にこれで背中を掻きあっている男子もちらほら。

・ゲーム

　勤務校は，各クラスに UNO とトランプが３セットずつ配置されています。教室によって不公平感が出ないようにということで，置くものが決まっているのです。

　こうした決まりがない学校でも，少なくとも学年間で教室に何を配置するかの共通理解をしておきたいものです。隣のクラスには休み時間に自由に遊べるゲームがたくさんあるのに自分たちのクラスにはないとなると，自ずと「いいなあ」「ズルいなあ」という感情が湧きます。その差が何故なのかを教師が説明できれば良いのですが，教師間での了解がなく，教師までもが卑屈になってしまう場合があります。そうした姿は，「互いの了解なしに好き勝手して良い」という姿を見せることにもつながります。

　しかし，こうした差をポジティブに見せることも可能です。教室によって置くものの違いを事前に了解し合っていることを伝えれば，「互いの違いを尊重し合う」というメッセージになります。事前の了解がなくとも，「そんなの置いていたの!? 知らなかった！」「ごめん！伝えてなかった！」というやり取りを見せれば，齟齬があっても対話によって解決できることを教えられます。あるいは，「うわ，それいいな！うちの学級にも置こうかな。どこで買ったの？」という姿を見せれば，「知らなかった」という事実をポジティブに捉え，ポジティブな関係を紡ぐ姿を見せることができます。

　また，「関係を紡ぐ」という視点で見れば，様々なゲームや道具はあります。ただ，物を置くだけではなく，それをいかに活用するか，隣の教室といかに方針を共有するかという視点をもっておくことも大事なことだと思います。

知的玩具の筆頭・将棋
意外な子の活躍が見られる
おすすめ

（3） 掲示板の余白でつながりを生む

　計画的に教室掲示をすることは，整然とした教室環境をつくるという点で大切です。しかし，それが「教室は先生が整えるもの」という視点を子どもに与えてしまう可能性もあります。

　教室の掲示板に，何も掲示しないスペースを敢えてつくってみましょう。子どもたちは，この余白が気になるのです。ここには何を貼るのかと訊かれたら，何を貼ったらいいかと投げかけてみましょう。

　私は，「教室はみんなのもの」という前提は守ることを伝え，何を貼るかを子どもたちに任せました。「みんなのもの」という全体との関係性，「相談して決める」という個々の関係性を紡ぐ実践となりました。

左は係の子が折り紙などで「教室を明るくする」というコンセプトで掲示しました。
右は「知識のしずく」という名のじょうろ。読んだ本や家庭学習の雫がたまると先にある種から芽が出て育つ。赤坂研究室の掲示物からヒントを得て子どもたちが作りました。

まとめ

① 「置き方」で生まれるつながりについて考える。
② 「置くもの」で生まれるつながりについて考える。

春休み　4月　5〜7月　9〜12月　1〜3月

2 人間関係をフラットにして、つながりの地ならしをする

 1 学級開きで、安心してつながるための フレームをつくる

（1） 教師の「語り」で安心感を生む

　学級開きは、担任と子どもたち、子どもたち同士の大切な出会いの日です。ですから、子どもたちが「この先生なら安心だ」「このメンバーなら楽しくなりそう」と思えるような1日にしたいものです。

　教室を笑顔でいっぱいにしたいと考え、楽しいアクティビティやゲームをするのもよいでしょう。担任に親近感をもってほしいと考えて、特技を披露するのも良いでしょう。共通の話題や子ども同士の交流が生まれ、教室は明るく楽しい雰囲気になるに違いありません。

　こうした雰囲気づくりの他に、初日にすべき大事なことがもう一つあります。それは、担任の教育観を語ることです。というと、何やら大げさに感じるかもしれませんが、要は「これだけは絶対に揺るがない」ということを語ればよいのです。

　教育観を語るということは、担任の人となりを語ることです。ですから、上っ面のことではなく、教師の価値観や信念を子どもの心に届くように語れることが大切です。

　何をどう語るかによって担任への信用・信頼度が決まり、その後の関係性を左右すると言っても過言ではありません。まずは担任と子どもが信頼関係で結ばれ、子ども同士が安心してつながれるフレームをつくります。

①新学期，みんな頑張りたいと思っていますよね。でも，そう思っている
　のに頑張れないときはどんなときですか？
　　→体調が悪いとき，心が元気じゃないとき（馬鹿にされる，仲間外しに
　　　される，暴力を受ける，からかわれる，無視される……つまり暴言，
　　　暴力）
②どれも，こころやからだを傷付ける行為です。これらは絶対にしてはい
　けないことでしょうか？仕返しならいいですか？ふざけてならいいです
　か？遊びでならいいですか？
　　→やられて何もしないのは腹が立つ。お互いに遊びとわかっていたらい
　　　い。度を越さなきゃいい。少しは仕方がない。
③遊びでも，ふざけでも，仕返しでもダメです。それはなぜかというと，
　どの人の命も同じように大事だからです。あなたの命を大事だと思って
　いる人がいるからです。
④想像してください。あなたのお母さんが，「仕返しだから」という理由
　で「死ね」と言われていたらどう思いますか。殴られているのを見たら
　どう思いますか。「仕返しだから仕方ない」と思えますか。先にした方
　が悪いけれど，殴られて当然だとは思えないでしょう？
⑤アンガールズの田中さんのお母さんがスタジオに来ていたときのことで
　す。田中さんは出演者たちから「きもい」と言われ頭を殴られていまし
　た。これは仕事です。お母さんもわかっています。でも，お母さんは
　「やめてくださいよ。私がお腹を痛めた子ですよ」と言いました。仕事
　とわかっていても耐えられなかったのです。大切な人が傷つくのは耐え
　難いのです。みんな，誰かの大切な人です。だから，自分も他人も傷付
　けちゃいけないのです。あなたの存在も，周りの人の存在も大切にでき
　る1年にしましょう。

（2） 自己紹介でつなげる

　自己紹介は，自己を開示し，自分をという人間を知ってもらうために行います。「自分はこんな人なのでみなさんよろしく」と，他者とつながることを目的に行うものです。

　しかし，よく考えると，初対面の人に自分の全てを知ってもらうことなどできません。最初のたった一回の自己紹介で深くつながることなど不可能です。自己紹介というとものすごくプライベートなことをさらけ出さなきゃという気持ちになりますが，単なる関係づくりのきっかけに過ぎないのです。話す内容にさほど意味はなく，何を話すかを考える過程や互いに聞き合う経験が共有できることに価値があると思います。

　とはいえ，「自己を開示したくない」「自分の何を開示したら良いのかわからない」という子や，「みんなの前で話すのが嫌」という子もいます。よって，自己紹介が苦手な子も安心して取り組めるような手立てが必要です。以下のように項目を示し，何を話せばよいかを視覚化することで不安感を軽減することができます。

自己紹介シート　　　　月　　日　名前（　　　　　　　　　　）

①　最初のあいさつ

②　好きなもの（こと）をとりあえずたくさん書く。

③　みんなに伝えたいものを一つだけ選ぶ。その理由。

④　最後のあいさつ

シートが完成したら個人練習の時間を設けます。可能であれば，シートを見ずに臨ませます。書いたことを読み上げるよりも聞き手の目を見て語る方が伝わるからです。何より，「相手の目を見る」ということ自体が「相手を受け容れている＝相手の存在を尊重している」ということであり，目と目を合わせることがコミュニケーションそのものだからです。これは，１対１で話す時にも，大勢に向かって話す時にも大切にしたいことです。

　次は，隣同士での練習です。しかし，いきなり隣同士で練習をと言ってもクラス替え直後は緊張度が高く，ペアでの練習が成立しない可能性もあります。ですから，活動の質を高めるとか深めるとかということに主眼を置かず，この時間はつながりをつくるための時間と押さえます。難易度の高い活動をせず，会話が生まれ緊張が緩和するような内容にします。

・発表のポイントを提示する。声の大きさ，目線，姿勢。これは，その後の発表指導に通底するので，基礎基本として指導する。ただし，この日はできない子がいても深追いせず，国語授業の中で丁寧に指導する。
・じゃんけん。勝った方が先に自己紹介。負けは聞き手になり，どんなことでも良いので，必ず３つのことを褒める。役割交代し，同様に行う。
・早く終わったペアは，「５年生で一番楽しみにしていること」「宇野先生は，中学生のときに何部だったと思うか」について話す。

　その後の全体発表は自席で起立して行います。前に出るより緊張を緩和することができます。

まとめ

①「これだけは揺るがさない」という教育観で安心感を生む。
②最初はほんの少しのつながりを目指す。

「ことば」が安心感のあるつながりをつくる

（1）「ありがとう」の文化でつなげる

　「ことば」は内面にある思いや考えが拡大して表出するものです。「死ね」「殺す」「バカ」などの攻撃的な言葉の奥には，他者を大事にしない，命を蔑ろにしても平気だという意識があります。

　反対に，「大好きだよ」「すてきだね」「ありがとう」などの言葉の奥には，他者を受け容れ，大事にしたいという思いがあるはずです。たくさんの言葉が交わされる教室では，他者を大事にするあたたかい言葉がたくさん使われる場であってほしいと願います。

　「ちくちく言葉，ふわふわ言葉」など，使うべき言葉を全員で認識する活動も大事です。道徳や学活などで話し合い，「こういう言葉をたくさん使おう」「この言葉は言わないようにしよう」と掲示しておくのも一手です。

　しかし，表面的な言葉だけを整えるだけではなく，その奥にある思いを伴わせることこそが大事だと考えます。他者を大事にしたいという思いがあるから「死ね」とは言わない，他者と関係を紡ぎたいから「ありがとう」と言える。そんな関係性をつくっていくことが大切ではないでしょうか。

　例えば，お休みの子の机上に配付されたプリントが載ったままだとします。普通なら隣の子に机の中に入れるよう指示したり，教師が自分でしまったりしますよね。でも，それを敢えてせず，じっと待つのです。すると必ず気付いてプリントを片付けてくれる子が出てきます。それを見逃さず，「ここにいない人を大事にしてくれてありがとう」と伝えるのです。そこに，休んだ子と片付けた子の間に「ありがとう」の関係が生まれます。

　なんでも気付いて先回りするのが教師の役割ではありません。子どもが「ありがとう」と言いたくなる場づくりこそが大事なのです。

（2）「どうぞ」の文化でつなげる

　給食のお代わりは，どのようなルールにしていますか。お休みの子がいて余ったデザートは，どのように配っていますか。

　私はかつて，お代わりは全部食べ切った子から順にできるようにしていました。「ちゃんと食べる」という観点で考えれば，これは正当な方法です。

　しかし，そうすると，食べたいが故に爆速で食べる子が現れ，争いが起きます。特にお休みの子のデザートやチキンなどの人気のメニューが余ったら，ものすごい争奪戦になります。「いただきます」と同時に食べ物をかき込み，口をもぐもぐさせながら走ってお代わりに来る。ときに，「俺が先だ」と言い合いになり，けんかになります。

　これはだめだと思い，あいさつの前にじゃんけんをすることにしました。他のものは絶対に食べるという条件付きで欲しい人を募り，じゃんけんで勝った子がもらうのです。これで一件落着……。本当でしょうか？

　早い者勝ちもじゃんけんも，どちらもその奥には「奪い合い」があります。他を蹴落として，自分だけが得をする構造です。しかし，教室は奪い合う場ではありません。分け合う場です。そう考えるようになってから，余りものは欲しい人みんなで分け合うことにしました。どうしても分けられないものは譲り合うことを教えました。同時に，欲しい物は欲しいと自己主張することの大切さも伝えました。

　これは，お代わりの場面にだけ言えることではありません。他者と生活していれば，他者と希望が重なったり誰かが諦めなければ場が収まらなかったりするものです。奪うことばかり，自分の思いを叶えることばかりが先行しては，他者と良好な関係を紡ぐことはできません。

　ときに「どうぞ」と言うことができ，ときに「どうぞ」と言わず我を通すことがあり，そうしたやりとりを通して人と人とのつながりができていくものだと思います。

春休み
4月
5〜7月
9〜12月
1〜3月

（3）「たすけてください」の文化でつなげる

　「どうしたの？」と他者を慮れることも大事ですが，本当に困った時に自分から「助けてください」と言えることもとても大事なことです。自分から助けを求められることは，自分の人生を主体的に歩むことです。そして，それは，自分の人生を自分で何とかしようという姿勢の表れです。自分の人生は自分でしか歩めないのですから，自分で人生を切り拓く逞しさを育てたいと考えています。

　私は，学級で次のように話します。

　私は，ものすごく忘れっぽい人間です。例えば，"今日，このプリントを絶対配る"と頭に入れたのに，すっかり忘れてみんなを下校させてしまうというようなことが何度もあるのです。その度自分のことをダメ人間だと落ち込み，気を付けるのですがなかなか治りません。

　あるとき，わかりました。あ，これ，治らないやつだなと。だったら落ち込んでも仕方ない。だから，私は子どもたちを頼ることにしました。

　「帰りに，"先生，プリント配ってないよ"って教えてね」って言っておけば，私が忘れてても大丈夫でしょ？そもそも完璧な人間なんていないのだから，苦手なことやできないことがあるとき，困ったときは誰かに頼ればいい。その代わり，自分ができることや得意なことで恩返しをすればいい。

　だから，みんなもちゃんと「助けて」って言おう。そして，得意なことで返していく，そんな教室にしない？

　「助けてください」「いいよ」というだけで，あたたかなつながりが生まれます。「助けてください」は，決して弱いものが吐く言葉ではないと思います。

（4）「どうしたの？」の文化でつなげる

　クラスの子たちは，困っている人がいたら，誰にでも「どうしたの？」と声を掛けられるでしょうか。仲の良い友だちにも話したことのない友だちにも，同じように心配して言葉を掛けることができるでしょうか。

　クラス替えのあった４月は，それまでつながりが希薄だった子には，特に言葉を掛けにくいものです。何か困っているのだろうなと思っても，自分は仲が良くないからという理由で，そのまま見過ごすことも少なくありません。

　「そういうときは，"どうしたの？"と，声を掛けてみましょう」という呼びかけだけでは，できるようにはなりません。声を掛けた方がいいことくらいわかっているけど，勇気がなくて，あるいは，恥ずかしくてできないのですから。

　しかし，自分が声を掛けてもらってほっとしたり嬉しかったりした経験があれば，段々と声を掛けられるようになっていきます。ですからまずは教師が率先してその姿を見せるのです。

　ただし，何でもかんでも「どうしたの？」と訊いてはいけません。子どもが自ら発さなければならないことまでを訊いてしまっては，自発性は育ちません。自分から言わなくても先生が全て気にかけてくれると誤学習させてしまうことにもなりかねません。

　例えば，昨日と違ってしょんぼりした表情に見えた子がいたとします。そっとそばに行き，

　「どうしたの？なにかあった？」

と尋ねます。みんなの前で訊いては，その子は恥ずかしくて言い出せないかもしれません。

　「どうしたの？」は，相手を慮る言葉です。相手のプライドを傷つけたり軽んじたりしないよう気を付けて訊くことで，気にかけてもらって嬉しかったという経験になるのだと思います。

（5） 「ごめんなさい」の文化でつなげる

　朝，Ａ君から習字セットを忘れてきたとの話がありました。Ａ君は先週も習字セットを忘れており，２週続けての忘れ物です。Ａ君もさすがに気まずかったのか，私に「ごめんなさい」と頭を下げました。みなさんなら，Ａ君に何と言いますか？

　「ごめんなさい」は，自分に非があり相手に許しを請うための言葉です。習字セットを忘れたのは，確かにＡ君に非があります。しかし，私に許しを請うのは筋違いです。なぜなら忘れて困るのはＡ君で，私は何も困りません。私の何かを損なわれたわけではないから，謝られる筋合いもないのです。

　Ａ君にその旨を伝えた後，

　「で，どうするの？」

と訊きました。Ａ君は少しぎょっとして押し黙ったあと，

　「石丸先生に借りてきます」

と言いました。石丸先生は図工専科の教師。え？石丸先生が習字セットもっているの？と尋ねると，絵画用の太い筆と大きな絵の具用の容器を持っているとのこと。墨汁は隣の人に借り，その容器に入れて使うと言います。

　絵の具用の筆で習字って……と聞いて吹き出しそうになりましたが，Ａ君が自分で考えた解決法です。尊重しないわけにはいきません。借りたものはきちんと洗って返すことを諭し，石丸先生のところに行かせました。

　「ごめんなさい」と言っておけば，その場を凌げる。そんな無責任な「ごめんなさい」が口癖になっている子もいます。他者とよりよい関係を築くにはちゃんと「ごめんなさい」が言えることはとても大事なことです。

　そして，それと同じくらい，無闇に「ごめんなさい」を言わないのも大事なことです。

　誰に，いつ，何のために「ごめんなさい」を言うべきかを考えることは，相手の気持ちを真剣に考えるということにもつながります。

（6）「すみません」の文化でつなげる

　「ごめんなさい」と似た言葉に、「すみません」があります。「すみません」は「済みません」と書き、「頭を下げただけでは済まされないことをしました」という気持ちを含んだ言葉です。

　たとえ小学生であっても、きちんと頭を下げて「すみません」と言うべき場面があります。自分の行為によって他者に迷惑をかけたときがその一つ。私はとりわけ、他者の時間を奪うということに厳しさをもっています。

　例えば中休みを挟んだ３時間目の開始に遅れて教室に来た子がいます。その子が遅れたせいで授業開始が遅れたり活動が滞ったりするわけです。それは、時間通りに着席した子を待たせることで、「待つ」という不毛な時間を生んでしまうことです。

　「時間は生きている時間そのもの」と、元聖路加国際病院名誉院長の故・日野原重明先生は、絵本『いのちのおはなし』の中で語っています。「時間＝いのち」と見ると、不注意に遅れてきたことは他者の命を削っていることです。だから、時間に遅れてしまったときには、「次は気を付けます」という反省を込めて、「すみません」と頭を下げることが大事なのです。

　他者の時間を重んじることは、そのいのちを重んじることです。他者が持っているいのちの時間を無駄に削らぬよう、互いに心掛けて生活することが大切です。他者を大事にするという意識の先に、あたたかな関係がつくられると考えています。

絵本とともに考えさせるのも、感性に訴えかけるよい方法。

（7）「おはよう」の文化でつなげる

　あいさつなどしなくて良いと考える人はいないでしょう。どこの学校でも
あいさつは大事だと教えますし，児童が玄関に立ってあいさつ運動をする学
校だってあるのですから。では，なぜ，あいさつは大事なのでしょうか？

　「あいさつは，人と人とが仲良くなる第一歩」「あいさつは人としての常
識」「あいさつは，"私は敵ではありません"と伝えるツール」など，あいさ
つの価値について世の中には色々な考えがあります。あなたは，子どもたち
に「あいさつをしよう」と呼びかけるとき，自分で見つけた価値を自分の言
葉で語ることができますか？借り物ではない自分らしい表現の仕方で伝える
ことができますか。

> 　私は，あいさつは他者を尊重する思いの表出だと考えています。
>
> 　あなたを見て「おはよう」と言うことは，「あなたという存在を無視せ
> ず認めましたよ」とメッセージしていることと同じです。「おはよう」と
> 言われて「おはよう」と返すのは，「あなたの声を無視せず受け止めまし
> たよ」と伝えているのと同じです。相手を受容する，受け止める，その思
> いを拡大したものがあいさつなのだと思います。あいさつは他者を大事に
> する気持ちの象徴だから，あいさつができる人になってほしいと考えてい
> ます。
>
> 　朝，教室に入ったら「おはよう」の声が響く教室は，互いの存在を大事
> にし合っている教室です。元気のない人にも「おはよう」と言って元気づ
> け，「ああ学校に来てよかったな」と思える教室にしませんか。

　5年生には強要しませんが，私自身は，あいさつをするときに可能な限り
立ち止まって頭を下げることにしています。自分の都合を一旦置いて，他者
のために立ち止まる姿を見せることで，他者を重んじるメッセージになれば
と思っています。

(8) 「さようなら」の文化でつなげる

　では，「さようなら」はどのように指導しますか？決まり文句だから言うのでしょうか。「さようなら」って，言っておけばよいのでしょうか。

　私の小学校時代の担任・佐久良先生から聞いた話です。佐久良先生が6年生のとき，学校帰りに正くんと喧嘩をしたそうです。些細なことがきっかけでしたが，意地を張って二人とも仲直りをしませんでした。

　二人ともむっとしたまま黙って歩いていました。いつもの分かれ道に来たとき，正君は「じゃあな」と言いました。しかし，腹が立っていた佐久良少年は，そのまま何も言わずに家に帰りました。

　夜，佐久良少年のもとに，正君が車に轢かれて亡くなったという知らせが入りました。停車中のバスの前を横断しようとしたところ，後ろからバスを越して来たトラックにはねられたのだそうです。

　もう30年近く昔のことなのに，今でも思い出すと胸が苦しくなると佐久良先生はおっしゃいました。あのとき，どうしてちゃんとさよならを言わなかったのだと後悔していると。

　今日の別れが永遠の別れになることもある。だから，「明日も会おう」という気持ちを込めて「さよなら」を言うことは大事なことなのだと，私は佐久良先生から教わりました。

　この話をして毎日ちゃんとさようならを言える教室にしようと伝えています。

まとめ

　① 「ことば」の中身がつながりを生む。
　② どんなことばを使うかは，どんなつながりをつくるかと同義。

授業開きでつながりをつくる

（1）「話す，聞く，書く，対話する」でつながりをつくる

　私が授業開きで大切にしているのは，次の三つです。

・教科への興味・関心がもてるようにすること。
・大まかな授業の流れやノートの使い方などをガイドすること。
・「主体的に学ぶ」構えをつくること。

　「おもしろそうな学習だ」「この教科を好きになれそうだ」と，ポジティブな感情を喚起することがなぜ大切なのかは敢えて説明しなくともよいでしょう。また，教科毎の授業の流れやノートの使い方を示すことで，学習者が見通しをもち，安心して学びに向かえることも想像に難くないことです。

　しかし，「学び」とは主体的なもの。安心感を生み場を整えるのは教師の役目ですが，「学ぶ」のは子ども達自身です。いくら教師が環境調整してお膳立てしても，子ども自身が自ら学ぼうとしなければ「学び」が生まれません。こうした「学びの構え」をつくるために，次のような授業開きをします。

　国語の授業開きを例にします。光村図書5年『銀河』に「教えて　あなたのこと」という学習があります。ペアでインタビューし合い，印象に残ったことを一文にまとめて他者紹介をするという流れです。

　まず，ペアで「好きな遊び」「好きな動物」「もし会えるとしたら，一度でいいから会ってみたい人」について，1分間ずつインタビューし合います。教科書にはさらっと書かれていますが，クラス替えしたての教室で，果たして活動は成立するのでしょうか。次のような懸念はないでしょうか。

・「自分のことを教えたくない」という子の存在。
・一問一答ですぐに終わり，気まずい雰囲気のペア。
・元々仲良しのペアだけが異常に盛り上がり，周りから浮く。
・男女ペアの場合，過剰に意識したり仲が悪かったりして，活動を拒否する。
・活動指示に従わず，別な話題ばかりするペア。

　こうした懸念に対し，「自己開示できる範囲でよい」と前置きしたり，「一言で答えず理由も言おう」「重ね質問をしよう」と予めコミュニケーションスキルを伝えておいたりする対応策があるでしょう。また，早く終わったペアへの活動指示を示したり，「苦手な人も頑張ってやってみよう」と意欲喚起を促す言葉がけをしたりもできるでしょう。

　しかし，これらは現象面を教師がコントロールするに過ぎません。子どもがそうすることの価値を分かったり考えたりしていないので，こうした場面になる度に，教師は同様の対処法を伝えることになります。

　そこで，次のような流れを経て，活動に入ります。

> 　今日は，男女でペアをつくります。私が勝手に決めるのですが，良いでしょうか？

　4年生頃から自分の性別を自認し始めることや，体格や体力，精神的な成熟度などで性差が見られるようになってくるため，5年に上がるときには男女の仲がすっかり悪くなっているというケースがあります。よって，このような指示をしたときに，「なぜ男女ペアなのか？」という質問や，批判的要素を含んだ「ええ〜」が聞こえてくることもあります。こうしたときに，頭ごなしに押さえつけたり安易に子どもの声に迎合したりせず，趣意を説明することが肝要です。

男女でインタビューをし合うことを恥ずかしいなと思う人がいます。あるいは，ちょっと嫌だなあと思う人もいるでしょう。それは，なぜなのでしょう？

　女子の中には，「男子は変なことを言う」「直ぐふざける」と思ってい人がいると思います。逆に「女子は口うるさい」「恥ずかしがってちゃんとしない」と思っている男子もいるでしょう。互いのよくない印象があって嫌だなと思っているのではないでしょうか。

　また，遊んだことや話したことがあまりなく，慣れていないから緊張するという人もいるでしょう。もしかしたら，過去に男女で会話していることを冷やかされた経験から，男女での活動を怖いと思う人もいるかもしれませんね。いずれにせよ，それぞれの理由があって嫌だなと思っているのでしょう。みなさんが，理由もなくわがままを言っているのではないと私は思っています。

　そうした理解の上で，みなさんに訊きます。それは，全ての男子がそうなのですか。全ての女子がそうなのですか。男子の中に気の合う人や女子の中に親しみやすい人は，本当にいないのですか。

　そんなことわかりませんよね。だって，まだその人のことを知っていないのですから。男子だから女子だからという見方ではなく，一人の人間としてその人を知ってみません。「どうせ」と決めつけず，知ろうとしてみません。男子同士，女子同士でもまだよく知らないという人もいると思います。でも，まず，「ちょっと緊張する」「ちょっと苦手」ということに，みんなでチャレンジしてみませんか。

　教師の思惑とは違った反応が出たときに，まず，子どもの感情や気持ちを受け止め，理解しようとする姿勢を見せ，趣意を語り，同意を得る。こうしたプロセスを見せることは，考えが違う他者をシャットアウトするのではなく，歩み寄ることを教えます。また，歩み寄るとは安易に迎合することでは

なく，受容と同時に自分の考えを伝えた上で同意を求めることだと教えています。授業開きに限りませんが，教師の言動全てが他者との関わり方を見せているのだという意識を忘れてはいけません。こうした合意を経た上でインタビュースキルを教えるから，それがこの時間限りのものではなく，他者とつながるための生きたスキルとして蓄積させていくことができるのです。

　さて，実際にインタビューが始まります。このとき教師は，教室の隅に立って全体を観察します。どのように「チャレンジ」しているか，好ましい活動ぶりが見られるか，課題は何かを見取るためです。

　高学年になるとあからさまに褒めることが，「いい子ぶって」と批判やからかいの対象になることがあります。ですから，いくつかだけを取り出して褒めず，全体に向けて，あるいは，全てのペアについてコメントするかが無難です。また，出端を挫かれた形になるのでダメ出しをせず，「もっとこうしたら上手にできるよ」とアドバイスの形でフィードバックします。できていなくても「チャレンジした」「チャレンジしようとした」ことを認め，ポジティブな気持ちになれるような関わりを心掛けます。

　一度でうまくできなければ，時間を延長したり，ペアを変えたりして慣らしていくのも一手です。出来栄えのよさではなく，いかに関わろうと頑張っているかに目を向けるようにしましょう。

活動後の言葉がけの例

・「先にインタビューするね」と自分から関わっていた人がたくさんいました。また，「私が先でもいい？」と相手に確認したり，「どっちが先にする？」と相談したりする人がたくさんいました。みなさん一人ひとりがちゃんと自分で考えて，その場に必要だと思うことをしようとチャレンジしたのだと思いました。

　自分勝手にせず他者の考えを聴くことは，他者を無視しないというこ

とです。他者の存在を大事にすることです。また，自分の考えを言葉で
伝えようとすることは，他者に自分をわかってもらおうということです。
他者とつながろうとすることです。他者とつながるには，相手がどう考
えているかをちゃんと聴くことと，自分で考えたことを伝えることが大
事なのですね。この学級で楽しく１年を過ごしたりみんなと仲良くなっ
たりするために，忘れずにいたいことですね。

　次に，インタビューを基に他己紹介をします。教科書には，「心に残った
ことを一文にまとめる」とあります。まとめるといっても，ノートに一文を
書いて読み上げたり暗記して話したりするのではありません。心に残ったこ
とを思い出しながら紹介するのです。

　これは，なかなかハードルの高い学習です。短期記憶が苦手な子や緊張の
強い子はその場で何を言うか忘れてしまいます。子どもたちは，失敗したら
恥ずかしいという思いを強くもっています。ですから，失敗しないために書
きたがります。しかし，こうした負荷があること自体が「チャンス」です。
「苦手」「困った」ことを教師が解決してやるのではなく，他者と相談し問題
解決できるようにするのです。

　先ほどのインタビューを元に，他己紹介をします。（必要があれば他己
紹介というものについて説明する）「しまった，何を言っていたか思い出
せない」という人は，相手にお願いをしてもう一度インタビューさせても
らいましょう。答える人は，聞く人が覚えやすいように，声を大きくした
り言葉を強調したり，手振り身振りを付けたりして手助けしましょう。ど
うしても覚えられないという場合に限り，このカード（Ａ４サイズほどの
白い画用紙）を使ってよいことにします。

　このカードには，キーワードやイラストを描いて提示します。それを見れ
ば何を話すかが分かるヒントカードとしての役割と，聞き手が話を補完する

という両方の役割があります。ですから，これがなくても大丈夫というペアも，より効果的に伝えるために使うことが可能です。

　カードは紹介される側が作成し，提示します。よって，自ずと何をどのように書けば話し手の助けになるかという相談が生まれます。

　その後，練習タイムをつくります。互いの発表の良いところを三つ，改善点を一つ言わせます。このとき，「改善点はない」「何を言っていいかわからない」「改善点を言うのは気が引ける」という声が上がることがあります。私は，次のように答えるようにしています。

　「良さ」とは，特別なことでなくてよいのです。声が大きかった，聞きやすかった，目線がよかった，姿勢がよかったという目に見えることでかまいません。一生懸命話していてよかった，緊張していたけど頑張っているのがよかったなど，目には見えない気持ちや姿勢のことでもよいです。この人には絶対によさがあると思って見ると，三つくらいはすぐに探せると思います。大事なことは「ある」と思って見ることです。

　課題も同じです。完璧な人間なんかいません。誰もが未完成な人なのです。課題があるに決まっているのです。「無い」というのは見ていないだけのことなのです。

　「課題を伝えるのは気をつかう」と言いますが，課題って，何のために伝えるのですか？相手を懲らしめるためですか？嫌な気持ちにして，ざまあみろと言うためですか？違いますよね。もっと良くなってほしいから伝えるものですよね。

　例えば，聞こえないほどの小さな声で発表したら，恥をかくのはその人です。だから，声を大きくした方がみんなに聞こえてもっといいよとアドバイスするのですよね。「相手を嫌な気持ちにするのでは……」と思うから言わないのではなく，相手を不快にさせない言い方に気を付ければよいのです。例えばどんなことに気を付ければよいですか？

「批判することが礼儀」ともいうように，相手の一生懸命に正対することが互いの成長につながります。お世辞を言ったり課題など無いかのように濁したりしていては，教室に切磋琢磨は生まれません。本気で向き合うから成長が実感できるし，本気で向き合うから嬉しいし悔しいのです。「学び」には本気が必要，よさや課題に気付ける目を養うことが必要と教え，互いに言い合える関係づくりをめざすことを示します。課題を伝える勇気も，課題を受け容れられる素直さも，どちらも成長する人には大事な要素。この教室でみんなで本気を出して伸びていこうよとメッセージします。

さて，発表の場では，聞くことの指導を行います。教科書には「紹介を聞いたら，二人に大きな拍手をしよう」と書いてあります。「聞き方指導」というと，このようなスキルを習得させるための指導に終始しがちですが，大切なのは趣意を語ることです。

これから他己紹介を始めます。紹介は，前に出てきて二人で行ないます。さて，想像してください。自分たちが前に出ました。ちゃんとできるかちょっと不安です。（間）他己紹介を始めました。（間）他己紹介が終わりました。（間）さて，始まる前と紹介しているとき。どんなふうに始まって，どんなふうに聞いてくれていたら，終わったあとにほっとしますか？

こう投げかけると，

・ちゃんと自分たちの方を見てくれている。
・頷いたり微笑んだりしながら聞いてくれている。
・ものを触ったり，椅子を揺らしたりしながらではなく，集中して聞いてくれる。
・おしゃべりしないで聞いてくれる。
・バカにしたり，失敗を嗤ったりしないで聞いてくれる。

・心を込めて拍手をしてくれる。
・誰にでも同じような態度をとったり，拍手をしたりしてくれる。

と返ってきます。「じゃあ，この逆で先生の話を聴いてみようか」と言って実際にやってみるのもよいでしょう。そうすると，目を見て聞いたり温かなフィードバックをしながら聞いたりすることは，話し手に安心感を与えることを実感します。安心感が生まれるから場の空気があたたかくなり，だから余計に安心できるという好循環が生まれることもわかります。

　なぜ，目を見て聞くのか，なぜ大きな拍手をするのがよいのか。それは，「そうすべき」だからではないのです。それが，他者を受容し尊重していることにつながるからなのです。他者の存在を大事にすることを態度で示すことで，あたたかなつながりが生まれるからなのです。
　知識としての聞くスキルを教えることも必要です。しかし，その奥にある趣意を考えさせることで，「させられているスキル」ではなく「自分で選択するスキル」にすることができるのです。
　「話す・聞く」無くしてどの授業も成立しません。他者（人だけではなく，書物や歴史，自然などを含む広義の意味での「他者」）の声に耳を傾けるという学びの構えをつくるためにも，授業開きで押さえておきたい事項です。

　活動の後は振り返りです。まずは，活動してみて考えたことや思ったこと，感じたことをノートに書かせます。こうしたときに，何も書けない，書かないという子がいます。みなさんは，こうした場合にどう指導しますか。

　「書きなさい」と指示されたら，何か書くという癖をつけましょう。なぜなら，何も書かないということは，何も考えていないということだからです。思考は書くことによって整理されるのです。だから，立派な整った文章を書くことを目指すのではなく，自分が今考えていることを文字で表

現することを心掛けるのです。

　「僕が考えたのは」から先が書けなくてもいいのです。大事なことは，考えることと書こうとすることです。考えたことを言葉にできなくても，書こうとすることです。へんてこりんな文章でもいいのです。まずは，考えること，書こうとすることを大事にしましょう。

　「何をどう書けばよいのか」というスキルを教えるだけでなく，書こうとしたその姿勢や書けたという事実を承認し続けます。書く量が増えるということはたくさん考えられるようになったということだね，自分の考えを整理できるようになったということだね，とできていることだけをフィードバックし続けます。そうすると，最初何も書けずに固まっていたり，「僕が考えたのは」までで鉛筆が止まっていたりする子も，だんだん書けるようになっていきます。

　人にはそれぞれ得手不得手があり，成長のスピードが違うのです。できなさを責めず，できたことに目を向け承認し続ける姿を見せることは，個々の存在の尊重を見せることです。集団から競争や優劣を排除し，集団にあたたかなつながりが生まれるような指導をすることが肝要です。

　ノートに書いたことをペアで交流します。

　私は，授業でペア対話をたくさん取り入れています。「話す」こと自体の経験をたくさん積むことで話すことへの抵抗を減らすのと，話すことによって関係性を近くするためです。

　しかし，ペア対話を多用することで，却って負のつながりを生んでしまうこともあります。対話を促しても互いに何も話さないペア，ラベルだけを語って黙り込んでしまうペア。高学年ではあまりいませんが，意見が食い違ったり言葉遣いが気に入らなかったりしてけんかになるケースもあります。ですから，ペア対話を導入するにあたり，「他者の考えを聴くことで思考が広がること」「アウトプットすることで自分の思考も整理されること」を話し，

ペア対話することにどんな価値があるのかを伝えます。

　また，段階を踏むことも大事です。最初は短時間から行うことや，ウォーミングアップ的な内容から始めることで心理的なハードルが下がります。また，肯定的に聴くことやポジティブなフィードバックを返すこと，疑問や違う意見を言うときには言い方に気を付けることも，コミュニケーションにおいて大事なスキルです。ペア対話を成立させるハード面を整えながら，レベルアップしていくことが肝要です。

　「他者の考えに対して自分はこう思う」「自分の考えに対して他者はどう考える」という往還の中で，人と人との精神的なつながりは生まれるのだと思います。自分の考えもなく他者とつながることはできないと言っても過言ではないと思います。ですから，「難しい」「わからない」と考えることを放棄せず，常に自分の頭で考えること，考えたことを自分のことばで表現することを大事にしています。考える癖，書く癖，話す癖がやがて習慣となり，それが他者とつながる土台となり，スキルとなり，どんな集団でも誰とでもつながりをつくれる個人を育てていくのだと思っています。

まとめ

①スキルと趣意はセットで伝える。
②「できる」ではなく「しようとした」を評価する。

4 授業でつながる

（1） ノートでつながる

　ノートは，思考整理の場であり，自己表出の場です。ノートを自分だけのものとせず，他者との交流のツールとして使うことができます。そうすることで思考を深めたり広げたりすると同時に，他者とのつながりをつくることを図ります。

・根拠を必ず書く

　ノート指導の基本として，思考したことは必ず書くことを習慣づけていきます。「とにかく何でも良いから書く」「途中まででも良いから書く」「"どうしても考えつきません"でも良いから書く」「1文字でも良いから書く」という指導を繰り返していきます。書いたことはペア対話などで細かに交流していきます。交流を重ねるうちに，何をどのように書けば良いかが分かってきて，少しずつ書けるようになっていきます。

・他者の考えを書き足す

　交流で，自分にはない視点で書かれていたものは，必ず赤で書き足します。また，他者の考えを聞いてさらに考えたことを青で書かせます。こうすることで，思考に深みと広がりが生まれます。

・「見たよ」「いいね」マークでサイン交換をする

　多くの人と交流する場面では，「見たよ」「いいね」の意味を込めて自分だけのマークでサイン交換をします。交流した人数が可視化され，他者とのつながりを実感することができます。

（2） 音読・暗誦でつながる

音読ができなければ黙読はできません。黙読ができなければ精読もできません。昨今，音読や暗誦が軽んじられている感がありますが，声を出して読んだり，繰り返し読んで覚えたりという学習活動は，学力の土台づくりとして重んじられるべきものと考えています。

どの教科でも音読場面をつくることはできますが，ここでは国語科における音読と暗誦の実践例を紹介します。

・ペア読み

じゃんけんで勝った方の教科書を二人で持ちます。教室の雰囲気が良ければ，手の大きさ比べなど軽い身体接触を伴った方法で決めるのもおすすめです。また，二人で相談して教室の好きな場所で音読するのもよいです。

「二人の声を揃えて」「一文ずつ交代で」「地の文と会話文を役割分担して」「一人が読んでいるのを聞いて褒め褒めポイントを一つ伝えて」など，ミッションのバリエーションを変えます。

・グループ読み

「まるで一人で読んでいるかのように声を揃えて」「まるで一人で音読しているかのような滑らかさで一文読み」「役割分担して」などのバリエーションで読ませます。全体発表の場を設ける場合は，どのように並ぶか，どのように開始し，終えるかなども相談して決めます。

・暗誦

まずは一人で練習，ペアで練習というステップを踏み，最終的には全員の前で一人ずつ発表します。授業開きのときに指導した「話す・聞く」のことを想起させ，「相手に届く声で」「相手が安心する聞き方で」を確認します。発表者は「一生懸命発表するので聞いてください」と全力でお願いし，「聴いてくれてありがとうございました」と礼を述べて終わります。

「本気には本気で返そう」を合言葉に，他者を重んじる空気を大切にします。

（3） 身体表現でつながる

　身体表現は，自己表現の手段の一つです。言葉で表現するのは苦手だけど，体で表現するのは得意だという子がいます。反対に，みんなの前で身体表現するのは恥ずかしいという子もいます。5年生になると，後者の理由で身体表現ができないという子も一定数いると思います。

　そんなときに活躍するのが，おちゃらけ少年（もちろん女子でもよい）。臆面もなくユニークな表現をしてくれそうな子をモデルとして登場させます。ここでハードルを下げ，楽しくできる雰囲気づくりをします。

・ウォーミングアップ

　音楽に合わせ，手拍子でリズムを刻みながら歩きます。人の後を着かず，自分で選んだ道を歩かせます。「自分の人生は自分のもの。だから，自分一人で歩こう」と話します。事前に，走るなどの危険行為をしないことを話しておきましょう。

　太鼓やスティックを数回打ち，合図を出します。この合図が聞こえたら歩くのはストップ。合図の数と同じ人数で手をつなぎ（無理強いはしない），その場に座ります。「アルプス一万尺」「おちゃらかほい」「みかんの花」「なべなべそこぬけ」などの身体遊びを一つ行い，また歩きます。

・何かになる

　複数名のグループをつくり，「お城」「森」「大雨」「ロケット」など，出されたお題のものを協力して表現します。一グループずつ発表して行くと盛り上がります。

・トラブルはつきもの

　「グループに入れない」「同じメンバーでばかり活動する」「人数が合わない」などのトラブルが必ず起きます。「どうすればみんなが楽しめる活動になるか」を考える好機と捉え，教師は介入せずに見守ります。問題が起きない場づくりではなく，問題提起となる場づくりをすることも大切です。

（4）　合唱でつなげる

　一説によると，「歌う」の語源は「訴つう」（訴える）だとか。心の中にある何かが拡大されてメロディと共に表出されるのが「歌う」ことであると解釈すると，「合唱」は，一人ひとりの思いの集合体であると捉えることができます。こう考えると，「言葉にならない何か」を音楽に乗せて発し合うことは，互いがノンバーバルにつながるということでもあると思います。

　合唱は，一人で好きなように歌うカラオケとは違います。他者とともに創り上げていくものです。自分というものを表現しつつ全体にどう合わせていくか，いかに他パートとの釣り合いをとるか，曲や歌声の全体像に自分の個性をどう当てはめていくかという営みは，社会の中でどのように自分らしく生きるかということと同じ構造です。

　合唱には，歌うことが楽しい，好きだと思える第一段階があり，全体像の中でいかに自分を表現するかという第二段階があり，他者とともにどう曲をつくっていくかという第三段階があると思っています。「みんなで歌って楽しかった」という経験を積みつつ，「どう歌えばよいか」をみんなで考えながら完成させていく協働的な時間になればよいと思っています。

春休み

4月

5〜7月

9〜12月

1〜3月

まとめ

①**毎日の小さな活動を，つながりの場として捉える。**
②**毎回継続することで，つながりが太くなる。**

【参考文献】
二瓶弘行著『"夢" の国語教室創造記─クラスすべての子どもに確かな力を』東洋館出版社，2006
高橋和子著『からだ─気づき学びの人間学─』晃洋書房，2004年
大坂克之監修　林昌子著『感性を育む表現教育』コレール社，1997
髙倉弘光著『髙倉弘光の音楽授業　必ず身に付けたいテッパン指導スキル55』明治図書，2015

5 道徳授業でつながる

（1） 教材を自主開発してつなげる

『小学校学習指導要領（平成29年告示）解説　特別の教科　道徳編』P102
〜103には，教材開発の必要性について書かれています。教科書による授業
を大前提としつつ，多様な教材を併せて活用することが重要と記されていま
す。カリキュラムの変更には学校長の許可が必要ですが，自主開発授業は，
教室の実態に合わせ，今必要なことを考えさせることができます。

各社の教科書を調べると，４月に行う教材の内容項目に「A　善悪の判断，
自律，自由と責任」「A　節度，節制」「B　礼儀」「D　生命の尊さ」を配
置しているところが複数ありました。学級創生期の４月に，まずは「自己統
制をし，礼を重んじ，命を大事にしていこうぜ」ということを押さえていく
という意図性があると分析しています。

高学年である５年生は，大部分の学校で学級編成が行われます。高学年と
して，新しい集団として，それにふさわしい個人の在り方や他者との接し方
に重点を置くという構成には納得できます。しかし，５年生にもなると，あ
る程度の力関係・上下関係が出来上がって進級してきています。これらを払
拭し，自他をフラットな関係性と認識させなければ，安心してつながること
はできません。

そのために，カリキュラムを変更し，教科書の「B　相互理解，寛容」
「C　公正，公平，社会主義」などの教材をこの時期にもってきてもよいで
しょう。しかし，より担任のメッセージ性を強く伝えたいならば，自主教材
開発を行ってみてはいかがでしょうか。

自分の心に響いた教材を用いて，自分のことばで語りかける。自主教材開
発には，そんな力があると感じています。

（2）　自主教材開発①『ジョリー』でつなげる

「先入観にとらわれるな」「どの人にも，その人にしかない素晴らしさがあるのだ」「外から見えるもので人の価値を決めるな」「ラベルで人を判断するな」「優越感をもつな！劣等感をもつな！」という他者と繋がる上での心の物差しをつくる，私の自主開発教材を紹介します。

> 『ジョリー』　D　【よりよく生きる喜び】

|授業の実際|
【導入】
　盲導犬の訓練センターの外観の画像を示し，「これは，ある専門的な仕事に就くための学校です。どんなことを学ぶ学校だと思いますか」と問います。次に訓練センター内部の画像を出していきます。
　最初は，いかにも公的な施設にありそうなラウンジや体育館などを示し，次第に点字ブロックがある長い廊下や訓練施設など特殊なものを示していきます。その後，施設は犬たちが盲導犬になるために勉強（訓練）する学校（施設）であることを知らせます。
【展開】
①盲導犬訓練センターにはどんな犬たちがいるかを問います。大多数の子は盲導犬についての知識がないため，「賢い犬」「お利口な犬」という前提の発言が予想されます。
●盲導犬にレトリバーが選ばれる理由
　・人の言うことをよく聞き，人懐こい性格である。また，落ち着きがあり仕事が好きで，環境の変化にも慣れやすい。
　・人と同じ速度で歩き，人を誘導するのにちょうどよい大きさである。
●盲導犬の多くは，両親が盲導犬。
●生後2か月の頃に，パピーウォーカーに預けられる。人の愛情にしっかり

触れることで人間との信頼関係を深め，家庭や人間社会の中で生活する喜びや楽しみを深く経験する。決まった時間に食べたり，排せつしたりすることもしつけられる。

● 1歳になる頃，訓練センターに行く。訓練期間は半年から1年ほど。いくつかのテストを受けながら訓練を進める。センターでの訓練は以下の通り。

　・基本的な命令に従う訓練。

　　（人間の左側につく，座る，伏せ，待つ，来るなど）

　・目が見えない人を誘導するのに必要な訓練

　　（交差点で止まる，障害物を避ける，段差の誘導，物を拾って渡すなど）

　・市街地で歩く訓練

　　（指示に従って歩く，安全なところを選んで歩く，危険を避けるなど）

　・「待て」と言われたら「いいよ」と言われるまでじっと待つことも，危険を察知したら命令に従わないことも，どんな時でも冷静にはたらくことも，訓練の中で学ぶ。

　・すべては，目が見えない人の命を守るために必要な訓練。

● こうした訓練をしながら，いくつものテストに合格した犬だけが盲導犬としてはたらくことができる。テストの合格率は約3割。訓練を受けた10頭のうち3頭くらいしか盲導犬にはなれない。

　これらを，画像や資料を交えたPPTで提示しながら説明します。その後，さらに，盲導犬はどんな犬だと思うかを問います。盲導犬に向いている犬種であること，血統のこと，難しい訓練を経てなおかつテストに合格したエリート中のエリート，という答えが返ってきます。盲導犬になれるのは，犬の中でもごくごく一部の限られた優秀な犬だけであることを共有します。

② 「盲導犬になれなかった犬ってどんな犬だと思いますか」と問い，簡単に考えを交流させます。「合格できなかったから，ちょっとダメな犬」「あまり賢くない犬」などの反応が予想されます。それらを否定せず，資料を配ります。

　まずは一人でじっくり読ませ，なぜ，盲導犬になれなかったのかを考えさ

せます。そのあと，四人グループ，全体で交流します。

③盲導犬になれなかった犬たちについてまとめた動画を見せます。これは，関連本を参考に私が作成したものです。

【クーパー】

訓練センターで

　のみ込みが早く，人に寄り添って誘導するのも上手。自立心旺盛で行動的。だから……。管理されるのが嫌。じっとしているのも苦手。狭いゲージの中を嫌がり，うなったり吠えたり。ある日，とうとう職員の手を噛んでしまう。

その後

　中間さんの家の飼い犬になり，少しずつ落ち着きを取り戻す。ある日，散歩で傷ついたひなを保護する。ひなをじっと見つめるクーパーの眼差しは本当のお父さんのよう。傷が治ってひなが旅立つまで，優しく世話をし続けた。

クーパーはダメ犬ですか？

【ゼナ】

訓練センターで

　慎重で，危険を察知する能力にも長けているから……。怖がりで，警戒心が強くもある。街角に貼ってあるポスターの顔を怖がり，うなり声を上げて動かなくなる。にらまれたと思うらしい。

その後

　盲導犬普及のためのデモンストレーション犬となる。飼い主の高橋さんが，小学校で子どもたちに盲導犬について語っている間，ゼナは自分の出番になるまでじっと待っている。子どもたちがゼナの頭をなでてもしっぽを引っ張っても嫌がらない。指示に従い，ほめられて嬉しそうなゼナ。

ゼナはダメ犬ですか？

【ラタン】

訓練センターで

　知りたがりで人懐こいラタン。人のことが大好きだから……。人を見ると，役目を忘れてそっちに行ってしまう。

その後

　ホテル経営者の牧野家の犬になる。当時，生きる気力を無くしていた牧野さん。ラタンが楽しそうに駆け回る姿を見るうちに，次第に元気を取り戻す。

　牧野さんは，自分のホテルをどこにもないホテルにしようと決心。ディナーショーでラタンとともにマジックをしようと思い立ち，特訓。牧野さんとステージに上がるラタンはいつも大人気。牧野さんもお客さんも笑顔。牧野さんの笑顔を見るラタンもとても嬉しそう。「ラタンがいなかったら私はいったいどうなっていたのでしょう」と牧野さん。

ラタンはダメ犬ですか？

【ベンジー】

訓練センターで

　しっかりしていて人間好きだから……。小さな子どもを見ると飛びつく。まるで，「僕の方が偉いんだよ！遊んであげるよ！」とでもいうように。

その後

　さとみさんの家の犬になる。中学生だったさとみさんはいじめが原因で不登校。ベンジーの世話は，さとみさんの役目になった。毎日の散歩，食事の準備や片付け。一生懸命世話をしてくれるさとみさんに抱かれて，ベンジーはとっても幸せそう。

　ベンジーと暮らすようになり，さとみさんは盲導犬訓練士になる夢をもつ。次第に元気を取り戻し，学校に行くことも決意。「ベンジーがさとみの命を救ってくれました」と，お母さん。

ベンジーはダメ犬ですか？

【オレンジ】

訓練センターで

　穏やかで大人しいから……。初めての場所では物おじして先に進めない。

その後

　手足を動かせない，車いすの大学生の介助犬となる。大学生のそばについて歩いたり，ものをとったり拾ったり。大学生の手の代わりとして働くオレ

92

ンジ。お手伝いできるのが嬉しくてたまらない様子のオレンジ。オレンジがいつもそばにいることが，大学生にとって大きな心の支えに。

オレンジはダメ犬ですか？

【ジョリー】

訓練センターで

音に敏感だから……。大きな音が聞こえてくると，怖がって前に進めない。

その後

訓練センターに行く前のパピーウォーカー，昌彦とトモカの家に戻って来た。二人とも，ジョリーが盲導犬になれなくてかわいそうだと思った。でも，ジョリーはこれから盲導犬候補になるかもしれない犬を産み，お母さんになる。ジョリーには，ジョリーの生き方がある。

ジョリーはダメ犬ですか？

最後に「○○はダメ犬ですか？」と問います。

【終末】

動画を視聴した後，再度，なぜ盲導犬になれなかったか，盲導犬になれなかった犬はダメ犬かを問います。最後に「優秀とは何ですか」「『ダメ』とは何ですか」「『優秀』とか『ダメ』とか，一体，誰が決めているのですか？」という問いのスライドを見せ，感想を書かせて終わります。

まとめ

①道徳授業で，他者と繋がるときの心の物差しをつくる。
②情と理の双方から，心の物差しをつくる。

【参考文献】
文部科学省『小学校学習指導要領（平成29年告示）解説　特別の教科　道徳編』2019
宇野弘恵著『宇野弘恵の道徳授業づくり　生き方を考える！心に響く道徳授業』明治図書, 2019

6 本でつながる

（1） 絵本でつなげる

　国語授業の最初の5分間は，読み聞かせをすることを常としています。読み聞かせを含めた読書には，多くの効能があると言われています。学習指導要領の示すところの学力向上もその一つです。また，多くの本に触れることで視野が広がることや，集中して聞く力をつけることの効能もあるでしょう。

　さて，現代は，テレビもゲームも一人一台の時代です。「みんなで遊ぶ」と集まりながら，全員が個々のゲームをするという光景も既に目新しくはなくなりました。対して読み聞かせは，一つのお話をみんなで共有する豊かな時間です。一冊の本をみんなで味わうことは，一つのことをみんなで愉しめる文化を教室につくることだと考えています。

　教室には読書が好きな子も嫌いな子もいます。抵抗感なく読み聞かせに入れるよう，まずは絵本から。最初はわかりやすいものや楽しいものからスタートし，少しずつお話の長いものに移行していきます。

1学期の読み聞かせ絵本例
・『キャベツくん』長新太　作　文研出版　1980
・『あいしているから』マージョリー・ニューマン　作　パトリック・ベンソン　絵　評論社　2003
・『さっちゃんのまほうのて』たばたせいいち　作　偕成社　1985
・『さかな1ぴき　なまのまま』佐野洋子　作　フレーベル館　1978
・『アフリカ動物シリーズ』吉田遠志　作　ベネッセコーポレーション　1982

（2） 共有スペースでつなげる

　読み聞かせを終えたら，絵本は教室の棚のイーゼルに飾ります。イーゼルは格安量販店などで安価で購入できます。なければ，棚に立てかけるだけでもよいと思います。

　絵本は，休み時間に自由に手に取って良いこととします。事前に「大事に扱ってね」というお願いをしておきます。相手が大人（教師）であっても，他者の物は自分のものではないことを示し，他者の物は大事にすることを意識させます。これは人間関係をつくる上での基本であり，他者を尊重することでもあります。こうした小さな意識付けを重ねることが自他の境界線を明確に自覚し，他者の存在を重んじる意識へとつながっていくと考えます。

　絵本を掲示しておくと，その周りで本好きの子たちが絵本談議を始めます。感想を書くコーナーをつくったり，好きな本を紹介するコーナーをつくってもよいでしょう。

まとめ

①一つのものをみんなで共有する文化でつなげる。
②「愛着はあるけど他者のもの」という距離感覚をつくる。

7 休み時間につながる

（1） 過ごし方を観てからつなげる

　休み時間は，子どもたち同士がつながる大事な時間です。同時に，休み時間は自由な時間でありますから，元来誰かに強制されるべき時間ではありません。それぞれの自由が保障される時間です。ですから，それぞれがリラックスして休み時間を愉しめるといいなと思っています。

　年度当初の３日間は，観察に充てます。誰が，誰と，どこで何をするのかを観察し，記録します。３日分の記録を並べれば，およその人間関係がつかめます。

　休み時間のすごし方分類
A　グラウンドや体育館で集団遊びを好む。
B　教室でおしゃべりする。
C　教室や図書館で読書やお絵描きなどを一人でする。
D　教師の後をついてくる。
E　その他

　「関係づくりができているか否か」という観点では，とりあえずA，Bは安心。Cは一人でいることを好んでいるか否かの見極めが必要です。遊びに誘ってついて来るようであれば，関係づくりができていない可能性あり。３日間の見取りの後も声掛けが必要かもしれません。

　最も注意が必要なのはDです。多くの場合，他の子との関係がうまく結べずに教師の後を追っている可能性があります。場合によっては，教師が関係づくりの橋渡しになる必要もあります。

（2）　みんなで遊んでつながる

　敢えて，全員を遊びに誘ってみるという手もあります。全員を誘うことで一人でいる子も仲間に入りやすいというメリットがあります。あるいは，インドア派の子たちや少数で遊ぶのを好む子たちの人間関係を広げるきっかけになるかもしれません。

　みんなで遊ぶことの大きなメリットは，楽しいという感情を共有できることです。みんなで遊んだから楽しい，みんなと遊ぶと楽しい，そんなポジティブな感情が積み重なって集団への所属感や愛着も生まれてくるのだと思います。

　5年生になると，男女の身体発達の差が見え始めます。女子の中には，力の差があるから男子と一緒に遊ぶのは嫌だと言う子もいます。ドッジボールなどをしても，結局すぐに当たってずっとグラウンドの隅で座っていたからつまらないと言う子もいます。

　かつて担任した5年生は，クラスの3分の2が男子というクラスでした。元気の良い男子に押され気味だった女子は，ボール遊びをしても逃げてばかり。「男子と遊んでもつまらない」「少しは手加減してよ」と言う女子に，男子は「本気で遊ばないからつまらないんだ！」と一言。「手加減して遊んでもらったって面白いわけないだろ！できない，怖いと逃げてばかりいないで自分から向かって行け！」と言うのです。

　本気で遊ぶから楽しいし，本気でぶつかるから面白いのです。子どもたちが本気で遊べる関係をつくるのに一役買うこともある全員遊び。たまには教師が声をかけ，みんなを遊びに誘うのもよいのではないでしょうか。

> **まとめ**
>
> ①休み時間は，他者とのつながりが見える観察タイム。
> ②全力で遊んで楽しい！＝みんなと遊ぶのも楽しい！の経験もさせる。

委員会活動，クラブ活動でつながる

（1） 委員会活動は，偶然のメンバーでつなげる

　委員会活動は，「この委員会でこの活動がしたい」という明確な願いと意思を優先します。私は以下のように決めています。

①委員会活動の趣意や，各委員会の設置理由などを説明する。

②決め方の説明。

・用紙に，自分が所属したい委員会を書き提出。委員長などの役割に立候補希望があれば書く。

・全員の所属希望が分かるように，板書などで可視化。役割希望が分かるよう，マーキングするなどしておく。

・委員長候補者は，より高い問題意識をもちより責任をもって活動したいと考えているので最優先決定。次に副委員長，書記の順に優先。

・例えば，委員長候補１の場合，この候補者の所属は即決定。残りは優先順位ごとにじゃんけんで決める。人数枠を超えて委員長がいればその人たちだけでじゃんけん。

・負けは，埋まっていない枠に再希望を出し同様の手順を踏み決める。

・役割に立候補すると公言した人は，必ず委員会で立候補すること。立候補しても落選するのは止むを得ない。

③説明についての，質疑，意見の確認ののち実施。

　自分の意志で，自分の考えを曲げずに決めさせることで，仲良しグループでの所属を排除することができます。偶然出来上がった所属メンバーに，新たなつながりが生まれることが期待できます。

（2） クラブ活動は，同じ趣味，嗜好でつなげる

　クラブ活動は，自分が好きなことや興味があることが行える活動です。そうにもかかわらず，「友だちと一緒がいい」「一人は嫌だ」という理由で，仲の良い友だちと同じクラブを選ぶ子がいます。これは，女子に顕著に見られる傾向です。

　基本的に，クラブは趣味嗜好が同じものが集まります。ですから，全くつながりのなかった者同士がクラブ活動を通して仲良くなることもあります。新しい関係性が生まれるせっかくの機会をつぶさないために，私は次のようにクラブ希望をとります。

　まず，クラブ希望をいつとるか，今年度はどんなクラブが設置されるかということは伏せておきます。これは，事前に裏で打ち合わせさせないためです。隣のクラスから漏れる可能性もあるので，学年でクラブ希望調査をする日時を揃えておきます。

　希望調査を取る前に，クラブ活動を行う趣意を語ります。クラブ活動の時間は，自分のよさを伸長させる時間であることを強調します。故に，クラブ活動は，自分の好きなこと，得意なことで決めようと投げかけ，自分の考えで決めることを話します。

　友だちといっしょじゃなきゃ不安な人は，自分一人でも大丈夫だと言いきかせ，人間関係を広げるチャンスにしようと伝えます。これまで友だちについてばかりだった人は不安かもしれないけれど，一歩階段を上って自分の意志でちゃんと決めてみようと訴えます。

まとめ

①「いつものメンバー」の排除が，新たな関係性を生む。
②「ひとりぼっち」は人間関係を広げるチャンスと捉えさせる。

9 学級通信でつながる

✳ 子どもの姿でつなげる

　私にとって，学級通信は子どもと学校と担任と保護者を相互につなぐ大切なツールです。通信を介して学級や子どもを知ってもらい，それぞれがポジティブにつながれるようにすることを目的としています。

　内容の大部分は学級での出来事です。子どもの素敵な姿，子どもたちのあたたかなやり取り，授業の様子などが中心です。ただ事実を記すだけではなく，その姿にどのような素晴らしさがあるのかを価値づけします。そうすることで，担任が大切にしていることや指導方針を伝えられるからです。

　通信は毎日発行。ただ配るだけではなく，朝の会で音読します。子どもの名前を入れた文章ですので，毎日誰かしらについて語られることになります。こうした積み重ねが，このクラスの全員に素晴らしい面があるという前提をつくります。問題児と敬遠されている子にも素晴らしさがあり，人間を一面から見ていては発見できないのだという認識にしていくのです。

　因みに，私の通信は手書きです。誰もいない放課後の教室で，平均７分間で書き上げます。一日を朝から反芻しながら書くことは，私にとって楽しい時間です。学級の状態や自分の指導を省察する時間にもなっています。

　保護者から「先生はよく見ていますね」と言われることがあります。その時は，「常に子どもの良い姿を描くという意識でいるので，自ずとと良さばかりが目に飛び込んでくるのです」と話します。

　５年生にもなると，「あの子は良い子」「この子はちょっとね」と，保護者の評価は固まっています。しかし，保護者がどの子にも肯定的な眼差しを向けることが，子どもたちの偏見や差別的な態度を減らすことにつながっていきます。他所の子を好意的に見るという保護者の姿勢が，子どもたちのフラットな人間関係づくりにも大きく影響すると考えています。

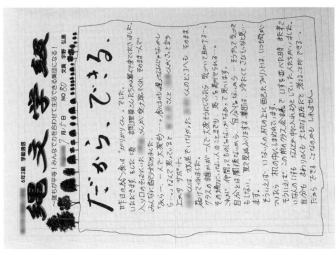

まとめ

①学級通信は，子どもの良さを伝え，ポジティブなつながりを生むツール。

②子どもを肯定的に見ることは，偏見と差別をなくす。

10 参観日，懇談会でつながる

（1） 参観日で子どもと保護者をつなげる

　保護者にとっての一番の目的は，わが子の頑張りを見ることです。よって4月最初の参観日では，
・集中して授業に参加している姿
・教師や他者の話に耳を傾けている姿
・自分の考えを書いたり話したりしている姿
・友だちと関われている姿
を見てもらえるような授業構成を考えます。落ち着いた学習環境，活気のある授業の様子を見ることができれば保護者の安心感は高まります。子どもと保護者，保護者と担任に，あたたかなつながりが生まれそうです。

　私は，参観日の授業には，保護者と他所のおうちの子がつながれるような活動を組み込みます。それは，一人でも多くの子を知ることで，他所の子を「我が子と同じクラスの一人」として愛着を感じてほしいと思っているからです。

保護者とつながる活動の指示例
・ノートに書いたことを教室にいる大人に見せ，感想をいただきましょう。
・大人といっても，先生と自分の親はダメです。それ以外なら誰でもかまいませんが，できれば知らない大人に見てもらいましょう。
・大人に話しかけるときは，ふさわしい言葉づかいや態度を心掛けましょう。（例示して全員で確認する）
・自己紹介と，あいさつ，お礼をしっかりしましょう。

（2） 保護者懇談会で担任も保護者同士もつながる

　4月の保護者懇談会は，担任と保護者が出会う最初の場です。新担任はどんな人物かを観るために参加する保護者も多いでしょう。保護者と担任という立場は違えど，子どもを良い方に導きたいという思いは同じです。学級担任としてどのような方針で学級経営をしていくのかを理解し，協力してもらえるような時間になることを目指しましょう。

　懇談会では，学級担任としての方針を明確に話せることが大切です。春休みに話し合った学年の方針や，自分の教育観を確認し要点をまとめておくと安心です。また，音声だけで伝えるよりも画像や図示などを交えた方が明瞭に伝わります。プレゼンテーションなどの視覚的資料を準備するとよいでしょう。

　時間的余裕があれば，保護者同士がつながれる工夫もしましょう。まずは名前と顔を一致させられるよう自己紹介をしてもらうのも一手です。私はよく「お名前と，好きなものを言ってください」とお願いします。話すことが苦手な保護者にもハードルは高くないですし，子どもじみたお題にクスリと笑いが起き，教室の空気が和むからです。また，自己紹介で同じ趣味であることを知り仲良くなった保護者もいました。

　SNSのアドレスや電話番号などを交換する時間を設けるのも一手です。連絡先の交換についての考え方には個人差があります。懇談会を少し早めに切り上げ，「連絡先を交換したい方は，教室でどうぞ」と声を掛けるのが無難と思います。

まとめ

①保護者に，クラスの子に愛着を感じてもらう。
②保護者同士のつながりが生まれる場をつくる。

（1） クラス会議でつなげる

　クラス会議とは，子どもたちから出された議題についてみんなで話し合う場を指します。「学級会とはどこが違うのだ？」と思う方もいるかもしれませんね。学級会が既定の議題について話し合うのに対し，クラス会議は子どもたちから随時出される未定の議題について話し合うという違いがあります。かなり概括的な捉えではありますが，私は，子どもの自発性に基づいた議題をみんなで問題解決を志向するのがクラス会議と理解しています。

　クラス会議では，議題に対し全員が考えを述べることを大事にしています。これは集団の一員としての責任を担うという意図と，議題を提出した人の気持ちに応えるという意図があると考えています。他者の声に耳を傾け応えようとする営みを通して互いを大事にする思いが育まれるクラス会議を，私の学級経営の中枢に位置付いています。

　クラス会議の趣意を説明し導入の同意を得たら，クラス会議で大事にすることを話し合います。クラス会議が円滑に進み，決定事項が重んじられるという観点で意見を出します。決まったことは1年間教室に掲示し，会議のたびに全員で確認してから始めます。

　なお，クラス会議の詳細については，参考文献に記した書籍などをお読みください。

【参考文献】
赤坂真二著『赤坂版「クラス会議」完全マニュアル―人とつながって生きる子どもを育てる』ほんの森出版，2014
赤坂真二著『先生のためのアドラー心理学！勇気づけの学級づくり』ほんの森出版，2010
ジェーン・ネルセン　リン・ロット　H・ステファン・グレン著『クラス会議で子どもが変わる』コスモス・ライブラリー，2000

（2） 学級目標づくりでつなげる

　クラス会議の最初のお題は「学級目標を決めよう」。流れを見せるために，最初は教師が司会をします。

⓪まず，「クラス会議で大事にしたいことを確認します。先生の後について，みんなで声を揃えて言いましょう。（掲示物を見ながらみんなで言う）

　　このクラスは，みんなのクラスです。だから，先生や一部の人が勝手に決めるのではなく，みんなで相談して進めることを大事にしましょう。

　　そのために，自分の意見を言うこと，友だちの話を聴くこと，自分で考えて決めることを大事にしましょう。

　　今日の議題は「学級目標を決めよう」です。

①どんな学級にしたいかを考えてください。隣の人と相談してもよいです。（1分後）Aさんから順に発表してください。（すべて板書）

②「仲が良い」「努力する」「協力する」「楽しい」「笑顔が溢れる」「ほっとする」「みんなが主役」学級にしたいという考えが出ました。まとめるとどんなものにイメージできますか。イメージしたものを使って，目標を考えてください。ただし，目標は分かりやすく短い言葉で考えてください。（個人，隣と相談，全員発表）

③賛成意見と心配なことを発表してください。

・「アンパンマンとゆかいな仲間たち」は，主役と脇役がいるってことだから，みんなが主役ではない。イメージとは違って心配です。

・「レインボースーパーブリッジ」は，なんとなくイメージできるけど分かりづらいし長いから心配です。

・「納豆学級」というのは，みんなで粘り強く頑張ろうという感じがしてとてもいいと思います。納豆はおいしいし（笑）。

・「古代学級」に賛成です。物のない時代にみんなで力を合わせて暮らし

たような学級にしようというのがとてもいいと思います。

④意見がまとまらなかったので，多数決をとってもいいですか？多数決には，決まったあとに文句を言わないというルールがあります。そのためには，多数決をする前に自分の意見をきちんと言うことが大事です。まだ意見を言い足りない人はいませんか？

みんなで意見を言い尽くしてもなお決められないから多数決をとるのです。自分の思いとは違うものになるかもしれませんが，それは止むを得ないことと納得してください。いや，絶対に多数決では嫌だという人はいますか？嫌というなら，多数決に代わる民主的な方法を提案してください。いませんね？

では，多数決をとります。一人1回手を挙げてください。もし過半数に満たなければ，票の多いものだけで再度多数決をとります。票が過半数になるまで同じように繰り返します。質問や意見はありますか？異議はありますか？ないですね。では，自分の考えで手を挙げてください。

⑤多数決の結果，学級目標は「古代学級」に決まりました。（拍手）

⑥今日は初めてのクラス会議でした。とても良い話し合いだったと思います。良さを三つ言います。まずは，全員がちゃんと意見を言えたこと，友だちの話を心で聞こうと目線を集めていたところが良いなあと思いました。

二つ目は，出された意見について，良さと心配な点がたくさん出たことです。自分の考えを固める判断基準になったと思います。

そして，三つ目。最後の多数決が終わったとき，自然に拍手が湧いたのがよかったと思います。自分とは違う意見だった人も決定事項を尊重するということですから。

次回も，みんなで協力して良い話し合いになるように頑張りましょう。

⑦これでクラス会議を終わります。

（3）「自分たちでつくった」という時間と経験でつながる

　子どもが自分たちで決めた学級目標です。教師がつくって掲げるのではなく，子どもたちの手でつくったものを掲示したいものです。「自分たちでつくった」という時間と経験が，この学級を大事にしたいという愛着形成につながると考えます。

　どのようにつくるかは子どもたちに任せます。手軽で見栄えが良い方法として，八つ切り画用紙に一文字ずつ書き切り抜いて台紙に貼るという方法を教えます。画用紙の文字をクレヨンで着色すれば見栄えも OK。

　これは一案なので，どのようなものを作成するかは子どもたちの意向に任せます。ただし，1 年間ずっと教室に掲示するものなので，みんなが大事にしたいと思えるようなものをつくることは話しておきます。教室は公的な場。みんなの共有スペースには不快なもの気分を害するようなものは貼らないことを，この機会に確認しておきます。

学級目標

教師がつくったものより見映えは悪いが，自分たちでつくったという跡が見える。この後，学級目標の周りには，古代の武器の絵が更に貼られていく（笑）……。

まとめ

①発言，相談，傾聴をキーワードに合意形成に向かう。
②みんなで決めてみんなでつくるから，学級目標に愛着が湧く。

3 人間関係を耕して，つながりを広げる

1 運動会で仲間とつながる

（1） 合言葉でつながる

　運動会は運動能力に左右される行事です。勝敗があり，勝ちを目指して取り組む行事です。だからといって，勝つことや上位に入賞することを目的に取り組めば，学級に分断が生まれます。運動能力の高い子が称賛され自尊心を高め，低い子はバカにされ邪魔にされ劣等感を募らせる。教室には「あいつのせいで負けた」「練習なんか必要ない」「どうせ頑張ったって勝てない」なんて言葉が飛び交います。

　こんな時，教師は，「勝つことだけがすべてじゃない」「頑張ればそれで良い」などと言って鼓舞しようとします。しかし子どもが思ってもいない言葉を掛けても心には響きません。結果ではなく過程に焦点を当てて取り組まなければ，子どもたちに不要な競争心を煽り，子どもたちの間に不要な優劣を生み，ネガティブなつながりをつくってしまいます。

　では，どうしたら過程に目が向けられるのでしょうか。まずは，「何のために運動会をするのか」という根本を考えることからスタートします。

> T：運動会は，日本全国どの学校でも行われます。何のために運動会は行われるのでしょう。「決まっているから」「伝統だから」ではなく，自分なりに理由を考えてみましょう。（全員が発表し，全て板書）
>
> C：「体力をつけるため」「みんなで協力してほしいから」「全力で頑張ら

せるため」「思い出をつくるため」「親に頑張る姿を見せるため」「あきらめない心を育てるため」

T：勝つことや一位をとることは大事ではないのですか？

C：勝ちたいと思うけど，勝つためだけにやるんじゃないと思う。

C：一位じゃないからダメということでもない。

C：頑張った先に，勝つとか負けるとかがあるだけ。

T：「全力」「みんなで」「がんばる」という姿勢があって，そうすることで見ている人の心に響いたり，自分たちの心に残ったりするということですよね。そういう心の成長のために運動会をするということをみなさんは考えたのですね。

　　では，このことを踏まえて，運動会の合言葉を考えてみましょう。

（個人で考えた後ペア相談。その後，全員発表）

C：「全力投球」「ガッツを見せる」「心に残る運動会」「団結」「チームワーク抜群」「みんなが笑顔になる運動会にする！」

T：賛成意見と心配なことを考えましょう。

（ペア対話の後全員発表）

C：「全力投球」はかっこよくていいと思うのですが，野球部みたいにならないか心配です（爆笑）。

C：「みんなが笑顔になる運動会」がいいと思います。分かりやすいし，みんなの気持ちが全部入っていると思うからです。

C：「団結」がいいと思います。すぐに思い出せるし，みんなで頑張ろうという気持ちになるからです。

C：私は，「団結」はちょっと心配です。なんか，とにかくみんなで仲良ければいいって感じに見えるからです。

C：「みんなが笑顔になる運動会にする」がいいです。全力で頑張らなきゃ笑顔にならないし，たとえ途中で揉めたとしてもみんなでそれを乗り越えて最後は絶対笑顔になろうという気持ちが見えるからです。

T：「みんなが笑顔になる運動会にする」への賛成意見が多かったのです

が，心配なことや意見はありますか？ないですね。では，合言葉は「みんなが笑顔になる運動会にする」に決めてもいいですか？

C：いいです。

（笑顔＆拍手）

T：では，この合言葉のような運動会にするために，どんなことを頑張ろうと思いますか。考えてください。

（ペア交流の後全体発表）

C：「最後まで頑張る」「諦めない」「みんなで協力する」「真剣に取り組む」「絶対に責めない」「こいつのせいで負けたとか言わない」「団結して頑張る」「チームワークを大事にする」「練習を真剣にやる」「練習から本気出す」「集中してやる」「みんなで作戦を考える」「みんなでちゃんと話し合って決める」「声をかけ合う」「勝ち負けばっかりにこだわらず楽しむ」

T：では，まとめると「みんなで協力する」「最後まで全力で頑張る」「楽しむ」となりますね。

C：忘れないように，学級目標みたいに書いて貼っておけばいいと思います。

（賛成）

T：では，誰が書きますか？

C：書きたいです！

（数名挙手）

T：この６人にお願いしていいですか？（いいです）

（2）　練習時間につなげる

　どんな種目にするかということも大事な要素です。特に団体種目は，「練習したい」「頑張りたい」「話し合いたい」という欲求が自ずと湧くような競技を選定することも大切です。

競技選びのコツ
・ルールが単純で分かりやすい。
・勝敗が明確に分かる。
・工夫や練習によって，上達・進化の余地が大きい。

　運動会練習は無限に行えるわけではありません。決まった時数の中で行わなくてはなりません。もちろん休み時間も練習可能です。しかし，基本的に休み時間は自由な時間です。「休み時間はのんびりしたい」という子もいるでしょう。休み時間の練習を強制したり，一部の子が勝手に決めたりしないよう，予め話しておくことが肝要です。はじめから休み時間をあてにせず，練習計画を立てておくのが無難です。

　子どもたちが自分たちで相談しながら練習を進められるように，スケジュール表を貼っておくと便利です。いつどのような練習をするか，いつどこを使って練習ができるか，練習時間はどのくらいあるかを明示しておきます。荒天の場合は練習ができないことも想定されますので，スケジュールは早めに余裕をもって示しておきましょう。

黒マジックで「穴」を描く。

ビーズやスパンコールを入れる。

足が速くなるふりかけ
教室に置いておくと，練習前に振りかけたり，互いにかけて喜んだりする姿が見られる。ほっと一息を引き出すグッズ。

（元実践・仮説実験授業　吉川辰司先生）

（3）　もめごとでつなげる

　運動会の練習が始まると，

・真面目に練習しない人がいる。
・誰もリーダーシップをとらない。
・威張る人がいる。
・負けると不貞腐れて練習に参加しない人がいる。
・隣のクラスが，こっちの作戦をパクってくる。

などといったもめごとが起こることがあります。競技のルールが明瞭でないために起きてしまうこともありますが，そうでなくとも大人数で活動するときはこうしたもめごとが起きるのは自然なことです。

　子どもたちから訴えがあった場合，みなさんならどう答えますか？原因となる子を指導しますか？それとも，そんな子は放っておけと言いますか？それでは，運動会は教師がつくるものであり，問題のある子は仲間ではないということを示すのと同じ。このときこそ活躍するのが合言葉です。

　合言葉はみんなが目指すべきゴールです。勝ち負けではなく，「みんなが笑顔になる」ことを目指して活動するのです。このゴールにたどり着くために現状はどうか，自分はどうか，自分にできることは何かに立ち返らせていくのが教師の役割です。

　誰かが威張ることと誰かを責めることは同じです。どちらも人間関係に優劣をつけているからです。そうではなく，眼前の問題をどうしたら解決できるかをみんなで相談することが，一人ひとりを平等に観る目を養い，一人ひとりを平等につなげていくことになると考えます。

　もめごとを通して学ぶことは大きいのです。結果ではなく過程を重んじるとは，こうした話し合いを含めた問題解決を指すのだと思います。本気で考えるからこそ，結果を受け容れることができるのだと思います。

（4）　振り返りでつなげる

　最初の話し合いのときから，できる限り活動の様子を撮りためておきます。運動会終了後にムービーをつくり，みんなで鑑賞会をするのです。始まりから終わりまでの全体像を俯瞰する静かな省察の時間となります。

　ポイントは，全体の様子や板書，掲示物の他，一人ひとりの表情にカメラを向けることです。いくつか動画も撮っておくのもよいでしょう。また，競技だけではなく，係活動の姿を収めることもお忘れなく。やんちゃ少年が低学年に屈みこんで話しかけていたり，大人しめの女子が大声張り上げて応援していたりといった，普段は見られない姿にも出会えるからです。

　ムービー作成が得意な人や時間をかけたい人以外は，こだわりを捨て短時間でできることを目標にします。子どもたちが好きそうな曲を選び，撮りためた画像をざっと流し込んで OK としましょう。大切なのは，終わって間を置かずに観るということです。運動会終了後１か月たって観たのでは，感動も薄れます。記憶の新しいうちに見せることで，運動会での自分の頑張りや他者とのつながりに思いを向けることができるのです。

　また，振り返りとして作文を書くのもおすすめです。昔と違って行事作文を書く時数があまりなくなってしまいましたが，『100マス作文』（P114参照）など短時間で書けるものもあります。書いたものを交換して読み合ったり，コメントを書き合ったりするのも一手です。

　運動会を通してできたつながりを実感できる時間にもなります。

まとめ

①趣意をみんなで共有し，フィールドとゴールを定める。
②もめごとも，成功体験もみんなで共有する。

【参考文献】宇野弘恵著『スペシャリスト直伝！小学校高学年担任の指導の極意』明治図書, 2023

2 授業でもっとつなげる

(1) 書くことでつなげる（国語）

　書くことは自己を表出すること。自己表出の練習という意味も兼ねて，私は授業では書くことを大切にしています。その方法の一つとして，前出した『100マス作文』を紹介します。

　100マス作文とは，３分間で100マス分の文章を書き，追加の１分間で５・７・５のまとめの一文を書くというものです。合計４分でできるため，国語の授業で必ず行うことにしています。

　まずは書き慣れることを目指します。書くのが苦手な子は，何を書くかが浮かびません。しかし，「とりあえず書く」ということを繰り返すうちに段々と何を書くかが分かってきます。書けたことすべてにポジティブな評価を返すうちに自信をもち，少しずつ書けるようになっていきます。

　「100マス作文」を続けるポイントは，意欲を喚起するお題選び。「これなら書ける」という簡単なものや「書いてみたい」と思わせるユニークなもの，日記や意見文や物語創作などのバリエーションを揃えておきます。

　（意欲を喚起するお題）
・うちの母ちゃん　・私は消しゴム　・起きたら猫になっていた
・昨日の晩ごはん　・もしも100万円あたったら？　・夏といえば
・人はなぜ戦争をするのか　・親友の悪口を聞いた。どうする？

　書き終えたものをペアで交換したり，全員分をみんなの前で読み上げたりします。他者の新たな面を知ったり，自分にはない視点に触れたりすることで，新しいつながりが生まれます。

（2） 飼うことでつながる（理科）

　5年生の理科といえば，メダカ。夏が近づくと，教室や理科室などでメダカの飼育が始まります。年間通して学校で飼育しているというところもあると思いますが，水槽を教室に置くことで，面白いつながりが生まれます。学年で水槽一つ置くのではなく，教室に一つ置くことをお勧めします。

　さて，かくいう私は，メダカの飼育が大の苦手です。毎回すぐに死なせてしまいます。隣のクラスは生きているのに，なぜか私のクラスのメダカだけ死んじゃうのです。

　私がそんな愚痴をこぼすと，子どもたちは，やれ水槽がダメだの，えさのやり方が悪いだのと言ってきます。そうかと納得しても，どうしたらよいのかを私は調べません。「そんなに言うなら，どうしたらいいか教えてよ！」と子どもたちに返すのです。そうすると，子どもたちはあれやこれやと調べるわけです。そして，勝手に掲示するわけです。

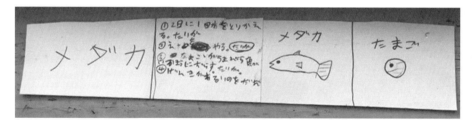

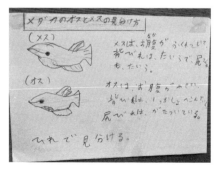
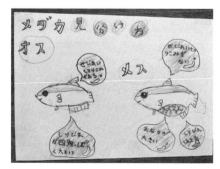

ある子が「愛情が足りないからすぐ死んじゃうんだ」と言い出しました。なるほど，それは一理ある。でも，ちゃんと私はかわいがってるぞと思っていたら，子どもたちは「愛情の印」と言って，メダカに名前を付け始めました。みんな勝手に名前を付けてゲラゲラ笑っています。

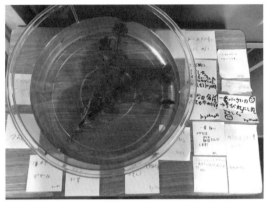

　それでもやっぱり全滅。すると，ある子が，おうちからメダカの卵をもって来ました。理科室を漁って見つけたグッズを工夫して配置。立派な鑑賞ゾーンができましたが，やっぱり周りには「メダカの名前」がたくさん貼られていました（笑）。

　子どもたちの自由な発想を見守るだけで，勝手に子どもたちはつながっていくことを知った実践でした。

（3） つくることでつながる（家庭科）

　5年生からの新教科・家庭科。1学期の裁縫は，針に糸を通すことから始まります。これがなかなかできないのです。

　裁縫セットには，スレダーと呼ばれる糸通しが入っています。これを使えば一発で糸を通せるのですが，敢えてこれは使用させません。そうすると困った子たちが，できた子にコツを聞きに行きます。できた子たちには「コツを教えてもいいけど，代わりに通してあげるのはダメ」と伝えておきます。そうすると，普段なんでもそつなくこなす女子が，いかにも裁縫が苦手そうな男子に教わる姿などが見られます。

　調理実習は，グループで行ないます。子どもたちにとって初めての活動ばかりですが，教師がいちいち言うのはご法度。必要なことはすべて板書し，みんなで相談しながら活動できるようにしておきます。指示を必要最小限に抑えることによって，子どもたちの間に必然的に対話が生まれます。

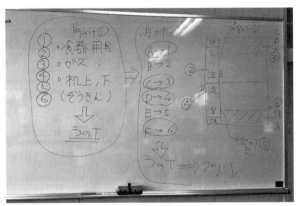

> **まとめ**
>
> ①子どもの自由な発想を楽しむ。
> ②指示は必要最小限。任せて見守ることに徹する。

【参考文献】三谷祐児著『書く力を高める小学校「一〇〇マス作文」入門』明治図書，2007

3 道徳授業で女子をつなげる

（1） 自主開発教材②『そんなつもりじゃなかったのに』でつなげる

　女子の人間関係は，高学年を境に一気に複雑化していきます。実際にトラブルが起きてしまってからでは，手遅れ。こじれてどうにもならなくなる前に，友だちとのつながり方について考えさせる予防的な授業を紹介します。

『そんなつもりじゃなかったのに』B 【相互理解・寛容】

授業展開

【導入】

　読み物教材（次頁参照）を提示し，人間関係とストーリーを把握させます。登場人物が５人と多いので，相関図を提示しながら確認するとよいでしょう。

（資料）

　卒業式を２カ月後に控えた６年２組。学級会で話し合った結果，小学校の思い出に学級お別れ会を開こうということになりました。ゲームやセレモニーの他，グループをつくってそれぞれが出し物をするという内容です。

　元気でリーダー格のさちこは，仲良しのななかと同じグループになりたいと考えました。結局，ななかと仲良しのかれん，るみとも同じグループになることになりました。四人で話し合った結果ダンスを発表することに決まり，ダンスを習っているるみが１週間後，みんなに踊りを教えることになりました。

　さて，１週間後の６時間目。早速ダンスの練習という時に，るみが気まずそうに言いました。

　「いやあ，すっかり忘れていて，ダンス覚えてないんだよね」

　さちこ，ななか，かれんは顔を見合わせました。気まずい空気が流れる中，かれんが

　「じゃあさ，これからみんなでがんばって覚えよう。なんて曲で踊ることに決めたの？」

　「ごめん，それも決めてないんだよね……」

とるみ。何となく気まずいまま６時間目が終わりました。

　帰りの会が終わってさちこがななかに言いました。

　「ねえ，るみ，無責任すぎない？」

　ななかは，確かに無責任だとは思いましたが，でも忘れてしまったのなら仕方ないとも思いました。それに，まだ準備の時間はたっぷりあります。それほど腹は立ちませんでした。そこに，グループのメンバーではないよしこが来ました。

　「ねえ，かれんから聞いたよ。るみ，さぼってダンスの練習しなかったんだよね。ひどいね」とよしこ。るみに腹を立てているさちこは，ここぞとばかりに文句を言います。過去にるみが掃除をさぼったことや係の仕事をきちんとしなかったことまで持ち出して不満をぶちまけています。ななかは，過去のことは関係ないよなあと思っていましたが，二人から同意を求められ，

　「そうだよね。前からるみって無責任で自分勝手だって思ってた。調子に乗ってるよね」と言ってしまいました。

　それを聞いたよしこは，かれんに

　「さちことななか。めっちゃ怒ってたよ。るみって無責任で自分勝手だって」

といいました。かれんも確かに腹は立っていましたが，そこまで言うことないんじゃないと思い，るみがかわいそうになりました。そこで一部始終をるみに伝えると，

　「しょうがないじゃん，忘れてたんだから。さちこやななかだって，忘れることあるくせに！」

と激怒。四人の関係はこじれ，ダンスの発表どころではなくなってしまいました。

【展開】

①この中で誰が一番よくないと思うかを考え，ワークシートに書かせます。
思考中は一切おしゃべり禁止にし，自分の考えで書けるよう配慮します。

道徳ワークシート （名前　　　　　　　）　月　　日

★よくない，と思う順に並べましょう。

よしこ	るみ	かれん	ななか	さちこ

順位	名前	理由
1位 よくない		
2位		
3位		
4位		
5位 よい		

交流などを通して考えたことやわかったこと。
これから生かしていきたいこと。

②まずは，ランキングの確認から。図のように板書し，それぞれの人数を挙手により確認します。

板書

1位		5位	
さちこ	人	さちこ	人
ななか	人	ななか	人
かれん	人	かれん	人
るみ	人	るみ	人
よしこ	人	よしこ	人

　その後，１位と５位の人をＡ４サイズの白紙に大きく書かせます。それを頭上で掲げながら交流してみたい人と二人ペアになり対話します。次々に相手を変えながら，できるだけたくさんの人と交流するよう促します。時間をたっぷりとり，じっくり意見交換させます。

③次に，全体交流を行います。１位と５位にランク付けた理由を交流します。特に，「自分は１位にしたのに，Ａさんは５位にしている」というような場合は，取り上げて意見を比べると良いでしょう。同じ事例でも人によって見解が異なること，正解があるわけではなく，どうすればよかったかという問題解決の方向に話し合いが進むようナビゲートします。

④最後は，静かに自分と向き合う時間。ワークシートの下段に，本時の学習で考えたことや感じたことを書かせます。発表させたり意見を交流させたりはせずに授業を終えます。

まとめ

①実際にありそうな事例だからこそ予防的に行う。

②問題を第三者として観ることで，客観視する。

【参考文献】
宇野弘恵著『宇野弘恵の道徳授業づくり　生き方を考える！心に響く道徳授業』明治図書，2019

掃除で自分とつながる

（1） 問題意識からつなげる

　自問清掃とは，目的を「自問」（自己を振り返り問うこと）に置く活動です。自らを問いながら，自制心，親切心，探求心を磨いていきます。掃除中に話さない，指示しない，注意しないという環境の下で行うことにより，他律から自律へ，依存から自立へ，受動から能動へ自らを成長させることを志向します。

　よく，しゃべらずに行うことが目的の無言清掃と同一視されますが，自問清掃はあくまで自問することを通して自己の成長を促すことが目的です。しゃべらないことは手段にすぎません。クラスに導入するときにも誤解を生みがちな部分ですので，目的と手段の違いを含め丁寧に説明します。

T：昨日，数名から掃除時間のことについて相談がありました。みんなだんだん慣れてきて，掃除が雑になってきたと。おしゃべりしながらする人もいるから，この頃掃除が終わるのが遅くて困っているそうです。そういう自分たちも，だらだら掃除をしてしまうことがあるから，他の人のことだけを責める気はない。でも，早く掃除を終わらせて昼休みはのんびりしたいから，どうしたら掃除を早く終われるかという話でした。みんな，どう思いますか？

C：この頃掃除終わるの遅いなと思っていました。

　　昼休みがなくなるから，早く終わらせたいとは思う。

　　でも，ついしゃべって遊んじゃう。

　　めんどくさいことしたくないなって思うことがある。

　　暑いとさぼりたくなる。

T：ということは，ちゃんとしたいし，早く終わらせたいのに，ついつい

しゃべったりさぼり心が勝って，さぼってしまうってことですよね。そういうことって，たくさんありますよね。勉強しなきゃ……。今日はやめた，とか。ゲームは30分の約束なのに止められずに叱られる……，とか。自分で決めたことができなかったり，ダメだって分かっているのにしてしまう，そういうことってたくさんありますよね。

で，みなさんは，そういうのについて本音のところではどう考えているのですか？ペアで話し合ってみて。（その後全体交流）

C：ダメだなーって反省するけど，ま，いっかってなる。

直したいとは思う。でも無理なのだよね。

今やろうって時に，お母さんががみがみ言ってくるからやる気失くす。

T：人から言われたらやる気失くすよね。言われたくない気持ちわかる。でも，一方で，言われなきゃできない自分もいて，ダメだなあって思うのだね。

人から言われてやるのは嫌だなあって人，どのくらいいるの？（挙手）あああ，みんなだね（笑）。じゃあ，自分で決めたことができないとか，言われないと出来ないって人は？（挙手）ああ，これもほとんどだね。じゃ，そういう自分から成長して変わりたいって人は？（挙手）結構いるね。変わりたいけど無理だって人は？（挙手）少しいるね。そういう人たちにぴったりの活動があるんだけど，興味ある？

C：ある。ちょっと怖い（笑）。

T：「自問清掃」っていう掃除なのだけど。指示も注意もされず，仕事の分担もなく，自分が良いと思うことを自分の考えで行う掃除。どう？興味ある？

C：え，でも，そんなのでみんなちゃんと掃除するのかな？さぼる人とか出てくるのじゃない？

そういう時は，先生が指導するのでしょ？

T：いえ，先生も注意しないよ。自分で考えて，自分判断して，その場に必要なことやした方がいいと思ったことをするの。先生も一緒に掃除

はするけど，命に関わることがない限り，放置だね。

C：なんかやってみたいけど，できるかなあ。

T：自分で考えて判断して行動するには，まずは，「さぼりたい」って心を我慢しなきゃならないよね。自制心っていうのだけど。自制心を育てるために，掃除中はしゃべらないっていうルールがあるの。そしてね，しゃべらずにと友だちの姿を見て考えたり，どこ掃除したらいいかなあって考えたり，自分にできること何かなあって考えたりするの。どう？

C：ちょっと面白そう。

T：そうやって掃除しながら，自分の心の中にある「我慢する心」「親切にする心」「発見する心」を磨いていくの。どう？

（ペア対話の後，自由発表）

C：とりあえず，やってみてもいいんじゃないかな。
　　うまくいかなかったら，また考えたらいいよね。
　　やるんなら，ふざけないでやりたいなって思いました。

T：じゃ，さっそく今日から3日間やってみよう。

　「自問清掃」は特殊な活動です。こうした特殊な活動を導入するときには，丁寧にコンセンサスを得ることが肝要です。教師の思いだけが先行し，強引に押し通してもうまくいきません。趣意と方法を丁寧に説明し納得してもらった上でないと，やってみようという意欲は湧きません。

　また，子ども自身に問題意識がなければ，いくら丁寧に手順を踏んでも「先生にやらされる活動」に留まります。「早く掃除を終えたい」「みんなで協力したい」という思いがあるから，自分を省みながら提案について考えることができるのです。

（2） 自問清掃でつながる

　前述したように，自問清掃は，言葉を介さずに活動する掃除です。しゃべらないことでより周りを見ることができ，より多くのことに気付くことをねらっています。

　自問清掃を続けていくと，こんな場面が見られるようになります。

- ・重い机を運んでいる子のそばに駆け寄って一緒に運ぶ子。
- ・「ありがとう」と言わない代わりに，その子の雑巾をしまう子。
- ・みんなが取りやすいように，雑巾を広げて並べる子。　など

　一方で，おしゃべりをしたり，さぼったりする場面も見られます。教師は「注意しない」といったのですから，掃除時間が終わっても注意することはできません。その子が自分で問題意識をもち行動を変えようとするのを待ちます。そして，自分の言動を俯瞰し省察できるように仕向けます。

　省察手段の一つとして，100マス作文を用います。水曜日の100マス作文を「掃除の振り返りの日」と定め，この1週間の掃除についての気付きを書かせます。いくつかを抜粋・転記して翌週月曜日の学級通信で紹介します（前頁に例示）。こうした営みは，自分自身と自覚的につながることです。他者とのつながりは，その上にできるのだと思います。

まとめ

①子どもの問題意識から発し，丁寧なコンセンサスを経る。
②自分自身とつながる時間をもつ。

【参考文献】
平田治著『子どもが輝く「魔法の掃除」―「自問清掃」のヒミツ』三五館，2005
平田治著『学校掃除と教師成長―自問清掃の可能性』一莖書房，2012

係活動で自由につながる

（1） 緩いノルマでつながる

　P.56で記した方法で係が決まったら，早速活動計画を立てます。活動期間は前期末（9月末）まで。その間に，何か一つは活動することにしています。

　え？5か月ほどの期間があるのに，たった一回の活動でよいのですか？と思われるかもしれません。そうですよね。確かに，たった一回のノルマって，少ないですよね。

　では，毎月必ず一回とか，前期末までに最低三回とかと回数を増やしたらどうなるでしょう？係活動は活発になるでしょうか？子どもたちは楽しんで活動を行うでしょうか？

　私は，係活動を行うモチベーションになるのは，回数ではなく，愉しみながらクラスに貢献するということだと思っています。自分の好きなことや得意なことを愉しみ，それをみんなが喜んでくれるということだと思います。ノルマを増やせば実施される回数は増え，係活動が活発に見えるかもしれません。でも，もし，心が伴っておらず，やるって決まっているからやる，やらないとだめだからやるという気持ちで行われているのであれば，それは愉しみではなく苦行だと思います。

　それに，嫌々する活動では仕事の押し付け合いや責任のなすりつけ合いが起き，関係をつくるはずの係活動が関係を崩す要因になってしまうと思います。それでは学級を幸せにすることなどできません。

　だから，ノルマは緩く。この学級の構成員なのだから，せめて一回は学級に貢献しようと呼びかけるのです。やってみて楽しければ，勝手に何度もするのです。強制する必要などないのです。

（2） 自由な発想でつながる

　子どもの発想って，すごいです。大人が考えつかないような，すごい係を思いつきます。下の画像をご覧ください。これ，わがクラスの係ポスターなのですが，目を疑うような係がたくさんあります。

　念のため解説しておくと，バタフライナイフ係は，バタフライナイフの美しさとすごさを知らせる係。実物は持ってきません。この係の子はポスターをつくって嬉しそうにバタフライナイフの魅力を解説していました。

　青春係からは，次のお知らせがありました。

　「こんにちは。青春係からのお知らせです。みんな，青春をご存知ですか？青春というのは，人生の元気な時代のことを言います。青春のつくり方です。一つ目は，人間関係をつくること。二つ目は，できないことに挑戦すること。この２種類をすると，青春をつくりやすくします。終わります」

　話す方も聞く方も爆笑していました。係活動って，これで良いのだと思っています。自由な発想，突拍子もない発想をするのが子どもの本質。くだらないこと，他愛もないことでゲラゲラ笑えるのも子ども時代の特権です。

> **まとめ**
>
> ①回数より意欲喚起を優先する。
> ②人を傷付けない限り，どこまでも好きにやらせる。

6　友人トラブルでつながる

✳　解決のプロセスを見せながらつなげる

　中学年の子どもっぽさを引きずっているこの時期は，まだまだけんかが多い時期。「先生，Ａさんに悪口言われました」と訴えてくる子も少なくはありません。低学年時からのトラブルを引きずっている場合もあります。「そんなこといちいち言わなくても」「それぐらい自分たちで解決しなよ」と思うかもしれませんが，１学期のトラブルには丁寧に関わります。

ＣＡ：先生，Ｂさんに悪口を言われました。

Ｔ　：どんな？

ＣＡ：こっち来るなって，強く言われました。

Ｔ　：それって，悪口なの？

ＣＡ：はい。すごい強い口調で言われてムカつきました。

Ｔ　：で，Ａさんはそれでどうしたの？

ＣＡ：睨んでおきました。

Ｔ　：それってさ，Ａさんが何で睨んだか伝わったのかな？

ＣＡ：伝わったと思います。でも，謝られませんでした。

　ここまでを，記録を取りながら話を聞きます。

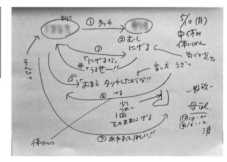

Aさんを戻し，Bさんを呼びます。

> T　：Aさんから苦情が来てるんだけど，なんか心当たりある？
> CB：苦情言いたいのこっちなんですけど。Aさんに玄関で押されました。
> T　：ぶつかったんじゃなくて？
> CB：はい。笑ってたから，絶対わざとです。
> T　：で，Aさんになんか言ったの？
> CB：こっち来るな！ってでっかい声で言いました。
> T　：それで，Bさんの気持ちは伝わったかな？
> CB：いや，笑ってたから伝わってないと思います。

　こうした「勘違い」「思い込み」が発端のトラブルはよく起きます。高学年だからそれぐらい自分たちで解決しなよと放ってしまったら，糸はこのまま絡まったまま。互いに相手が悪いと思い込み，その上にトラブルが重なり次第に問題は大きくなっていきます。

　一人ずつ呼んだあと，二者を同時に呼び，双方の主張を伝えます。この場合，Aさんが玄関でBさんを押したことが発端ですから，その状況と意図性を確認します。最初から一つ一つ順に細かく訊いていくと誤解や思い違いも見えてきます。どちらかだけの事実を肯定せず，必ず双方の確認を得てから話を進めていきます。謝罪の強制もしません。「何か相手に言いたいことある？」と訊き，謝罪をしたければ謝罪させます。このプロセスを見せることが，やがて自力で人間関係のトラブルを解決するときのモデルになっていきます。

まとめ

　①この時期はとにかく聞いて，糸をほどく。
　②必ず記録を取り，関係性を可視化する。

クラス会議で安心してつながる

（1） 問題を平場に出すからつながる

　この時期の議題箱（クラス会議の議題にしたいことを投函する箱）には，トラブルや苦情が入ります。

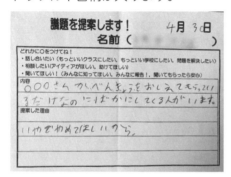 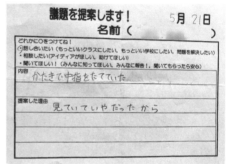

　前述したように，この時期のトラブルには丁寧な対応が必要です。しかし，いつまでも教師が全ての糸をほどき続けるわけにはいきません。次第に自分たちで適切に解決できるようにしなくてはなりません。また，自分たちの力で，トラブルに発展させない関わり方を覚えていかなければなりません。その手段の一つとして，クラス会議を活用します。

　クラス会議には，知らせたいことや話し合いたいことの他，みんなに相談に乗ってほしいことを議題として出せることになっています。子どもからトラブルの相談があったときに，クラス会議でみんなに相談してみないかと促してみるのも一手です。ただし，みんなに知られたくないという子もいるので，無理強いは禁物です。

（2） 問題をメタ化してつなげる

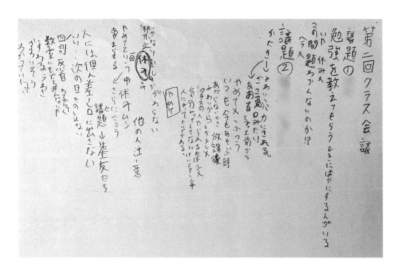

　こうした話し合いを繰り返していくうちに，トラブルを俯瞰しメタ認知できるようになってきます。勘違いや思い込みがトラブルを引き起こすことや，自己中心的な言動は批判の対象になることも学びます。そして，トラブルが起きたときは，どのような対処方法があるのかを知り，自己選択できるようになっていきます。少し時間はかかりますが，感情の折り合いのつけ方も学んでいきます。

　何より，困った時は助けてくれる仲間がいる，みんなで問題解決に関わってくれるということは，とても心強いことだと思います。

まとめ

①問題を平場に出す。
②みんなの知恵を借りて問題解決すれば，安心。

8 教育相談で担任とつながる

（1） 担任としっかりつながる

　担任と子どもで面談する教育相談は，二人きりで話ができる貴重な機会です。全員が必ず話すことになっているので，普段悩みを話しづらいと思っている子たちにとっては，特に大事な時間です。

　限られた時間を有意義な時間にするために，事前のアンケートは必須です。面談は，このアンケート（下記参照）に基づいて話します。

・困っていること，心配なこと，話しておきたいこと
・頑張っていること，楽しいこと
・仲のよい友だち（心の友）
・○年生で頑張りたいと思っていること（自分の課題）
・その他

　面談では，子どもの課題について確認すると同時に，その子の良さや素晴らしさを伝えます。「頑張っているね」というありきたりのことではなく，頑張っているそのことがなぜ素晴らしいのかを価値づけして伝えます。

　「自分を理解しようとしてくれている」「自分は受け入れ認められている」ことがわかれば，教師を味方として位置付けてもらえます。そうすると，いざというときに教師を信頼し，相談してみようかと思ってもらえるかもしれません。

　教育相談の場には，実際の相談の場という側面と，信頼関係を築き将来的に相談してもらう素地づくりという役目があることを意識しながら進めましょう。

（2）　いざというときのためにつながる

　友だちとの悩みを相談したいけど，周りの目が気になってできない……ということがあります。また，トラブルの内容によっては，他には知られずに相談したいということもあります。こうした場合は，周囲に分からないように話し合いのアポを取らなくてはなりません。

　しかし，他方に知られないように相談の時間や場を伝えるのは難しいことです。教室で，小声で話していれば，「先生にちくっている」と言われかねません。そこで，心配な子には次のような手立てを伝えておきます。

【放課後の電話作戦】

　これは，親に知られたくない子や，対立側と陰でつながっている可能性がある子には向かない方法です。しかし，孤立している，担任に信頼を寄せていて強く問題解決を求めている場合などには有効です。

【他の先生が呼んでいる作戦】

　「○○先生が中休みに教室に来るようにと言っていたよ」と伝えます。全体の場で話す必要はありませんが，ある程度の人数に周知されるように伝えます。○○先生には予めお願いしておき，子どもが行ったら会議室で担任が待っていることを伝えます。

【笑顔で雑談作戦】

　教室のざわつきの中で雑談しているように見せかけながら，小声で
　「昼休みに会議室ね」
と伝え，その後また，全く関係ない話題を続けます。

まとめ

　①その子の良さを価値づけることが，確かなつながりをつくる。
　②いざというときの駆け込み寺的つながりをつくっておく。

心に残る先生／磯部先生

　これは，息子が4年生のときの話です。楽しみにしていた遠足当日，息子は発熱で学校をお休みしました。数日前からとても楽しみにしていたので，息子はとてもがっかりしていました。

　夕方，家のインターホンが鳴りました。出ると，担任の磯部先生と近所に住むクラスの子たちが数名います。

　「お熱下がったかーい？」

　玄関を開けると，ニコニコ笑った磯部先生が顔を出しました。

　夕方になって平熱近くまでになった息子は，磯部先生の声を聞いて玄関まで出てきました。息子の顔を見た先生は，ぬいぐるみを差し出しながらこうおっしゃいました。

　「今日はせっかくの遠足だったのに，行けずに残念だったね。先生も，みんなも，とっても寂しがっていたよ。○○君の代わりに，このマックス（ライオンのぬいぐるみ）を連れて行ったからね。今日はここに置いていくから，遠足でどんなことがあったかをマックスから聞いてね。

（ぬいぐるみに向かって）

マックス，遠足で見たことをちゃんと○○君に教えてよ。よろしくね」

　夕方までしょんぼりしていた息子の顔がぱあっと輝きました。そして

　「はい」

と言って，ぬいぐるみを嬉しそうに抱き締めました。

　この姿を見て私は，涙が出るほど嬉しく思いました。磯部先生は，なんてあったかいのだろう，なんて愛に溢れているのだろうと思いました。息子の寂しさをわかってくださり，寄り添ってくださる磯部先生の愛の大きさに感動しました。

磯部先生は，私より少し年上の女性教師です。３年生から４年生に持ち上がるときに息子のクラスの担任になってくださいました。動物が大好きな先生で，旭山動物園の学習クラブ活動にもスタッフと参加しておられました。動物好きの息子を，夏休みに行われる動物園のサマースクールに誘ってくださったこともありました。いつもニコニコしていてあったかくて，息子はもちろん，クラスの子はみんな磯部先生が大好きでした。

　11月だったでしょうか。保護者面談で，家での息子の様子を訊かれました。私は，恥ずかしさ紛れに
「勉強もしないし，お手伝いもめんどくさがるし……」
と，短所をあれこれ並べました。すると磯部先生は，私の目を真っ直ぐ見ておっしゃいました。
「お母さん，○○君は，本当にやさしい子です。絶対に人のことを責めないし，安易に誰かの味方にもなりません。本当にやさしい子ですよ」
　そう言われて私はハッとしました。親バカだと思われたくなくて短所ばかりを並べたけれど，実は私は息子のよさに目を向けていなかったのではないかと思ったのです。以来，私の心に「うちの息子はやさしい子」という言葉が灯りました。

　息子の寂しさを分かってくださって，ぬいぐるみを持ってきてくださったこと。動物好きの息子の世界観を広げる体験をさせてくださったこと。そして，息子の人間性を認めてくださったこと。いつも子どもの目線で，子どもの側に立つ磯部先生だからこそできることだと思います。
　子どもを丸ごと包み込みあたたかく見守ってくれる磯部先生は，今でも私の憧れです。

人間関係を見つめ直し，つながりを深める

1 夏休み明けにつながり直す

✳ 緩やかに，安心してつながる

　夏休み明けの登校で大切にしていることは，日常の学校生活を緩やかに取り戻すことです。

　まずは，朝。できれば一人ひとりとあいさつを交わします。「髪型変えたね」「背が伸びたね」など，小さな変化を見取り返していきます。表情や人間関係の変化にも気を配ります。長い長い2学期のスタートに，まずは子どもと担任がしっかりつながり直すことを意識します。

　この日に見取ったことは，翌日の学級通信に記載します（次頁）。全員分の名前を入れることで「一人ひとりをちゃんと見ているよ」「全員大事な一人だよ」というメッセージになります。

　また，この日にどんな授業をするかも大事です。3日目くらいまでは，ゲームやアクティビティで喜ばせるという考えもありますが，多用は禁物です。その後の授業とのギャップに惑うことになるからです。規律や学習習慣を思い出し，それでいてちょっと楽しい活動がある授業が良いと思います。ペアで話したりグループで感想を交換したりといった，他者と活動することの楽しさを再確認できるとなお良いと思います。

　夏休み明けは，リスタート。4月に伝えた方針を確認することも大事です。ぶれない方針が見えることが，場の安心感につながります。

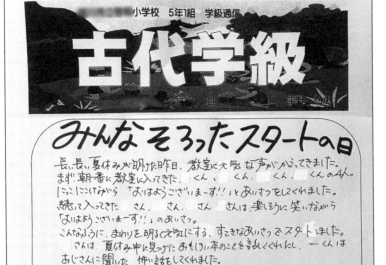

まとめ

① まずは担任とつながり直す。

② 緩やかに日常を取り戻し，安心感をつくる。

宿泊学習で濃くつながる

（1） 集団の課題を明確にしてつながる

　子どもたちの関心が最も高いのは，宿泊部屋のグループメンバー。そして，最も揉めるのも部屋のメンバー決め。なぜ，揉めるのでしょう？

　一つは，宿泊学習が何かという認識ができていないことだと思います。宿泊学習は親元を離れて泊まりに行きます。教師の引率があるとはいえ，子どもたちだけで寝ます。子どもにしてみればちょっとした友達旅行と同じ。一緒に楽しもう！一緒に寝よう！一緒に思い出つくろう！ということに，意識が向くわけです。ですから，是が非でも仲良しの子と同じ部屋が良い！となり，揉めるわけです。

　もう一つは，それまでの人間関係づくりが不十分であったということが挙げられると思います。基本的に仲の良い子と同じ部屋だったらいいなとは思うでしょうが，絶対にこの子じゃなきゃイヤ！という関係性って，裏を返せば，その子以外とうまく人間関係がつくられていないということではないでしょうか。

　教室にある程度フラットな人間関係が築かれていれば，特定のメンバーに固執せずともグループがつくれるはずです。グループづくりで揉めるということは，教室にフラットな人間関係ができていない，凝り固まったグループが存在している，誰とでも気軽に話せる関係ができていない，誰かを排除する土壌ができてしまっている，新しい関係を積極的に結ぶことができないなど，集団としての課題があるということです。

　宿泊学習を通してより豊かな人間関係を築くためには，この二つの問題について手立てを考える必要があります。特に二つ目のことについては，これを見越した４月からの関係づくりが必要です。

（2）　そもそもの目的を共通理解してつながる

　右のプリントを配付し，まず，な
ぜ宿泊学習に行くのかを考えて書き
ます。

　運動会のときと同じ手順で全体交
流し，趣意を全員で共有します。こ
の段階で，私的な旅行とは一線を画
す学校行事であることを確認します。
つまり，学習であるから色々な人と
交流を深めることが目的であるとい
うことです。

　次に，どんな宿泊学習にしたいか
を書いた後，これも全体で発表しま
す。

　これをもとに合言葉をつくり，合
言葉を具現化するために必要なこと
を出します。ここ
までの手順は，運
動会と同じです。

　次に，グループ
決めを行います。
色々な活動グルー
プがあると思いま
すが，最初に決め

るのは部屋グループです。一番の関心どころを決めてしまえば，他のグルー
プは大きなこだわりなく決められるからです。

グループ決めの手順

・予め，全ての人の希望を叶えるのは難しいことを話しておきます。

・部屋決めで揉めて，その後の人間関係でぎくしゃくした例や，自分だけ仲良しの人と同部屋になれず悲しんだ例，話したことがない人と同部屋になり意気投合した例などを伝えておきます。一部の人だけが得をしたり嫌な思いをしたりしないようにすることを確認します。

・その上で，どのような方法で決めるのがいいかを全員で話し合います。

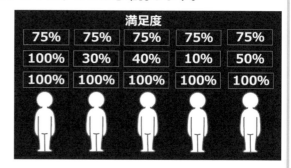

・出された意見のメリット，デメリットを出し合い，デメリットへの解決策を考えます。

・意見が出尽くしたところで，多数決。多数決の際，自分の考えで決めること，他者に挙手を強要しないこと，過半数の賛成で決定すること，決まったことについては陰でも表でも文句を言わないこと，不安や疑問，意見がある場合はこの場で言うことを確認します。どうしても多数決が嫌だという場合には，民主的に決めることができる代案を出させます。

・希望を聞く前に決め方を伝え，了解を得ておきます。決まったあとから不平不満を言わないように，不安要素や疑問はこの段階で言わせることが肝要です。

　子どもたちの最大の関心は部屋決めです。話し合いの過程に納得することができていれば，思い通りの結果でなくても不満は出にくいものです。思い通りの結果でなくとも，与えられた条件の中で楽しみを見つけられるようにすることを話しておきます。

部屋が決まったら，メンバーで集まります。自己紹介やあいさつの後，目標や掟を決めます。

　「ゲラゲラ笑おう！」「もっと仲良くなろう！」など，分かりやすいものを目標に設定することがポイントです。さらに目標を具現化できるような掟を三〜五つくらい決めましょう。

　最後に，各々のプリントにメンバー同士でメッセージを書き合います。でき上がったプリントをしおりに綴っておくと，随時内容を確認することができます。

最初に，「色々な人と学習すること」をミッションとして掲げておくと，特定の子に固執せず，様々な人との交流を試みる子が出てくる。一度なった人とは同じグループにならないという決まりをつくっておくのも一手。

まとめ

①友達旅行とは目的が違うことを確認する。
②誰とでも安心して活動できる人間関係を4月からつくっておく。

学習発表会（学芸会）で豊かにつながる

（1） 発表の場でつながりをつくる

　学芸会や学習発表会では，主に，劇や群読，ダンスなどの身体表現や合唱，合奏，成果物の発表などが行われます。運動会同様，「良い発表をする」「失敗なく行う」など，素晴らしい成果を見せることが目的ではなく，取組の過程を通して子どもを育てることが目標です。

　では，学芸会や学習発表会とは，一体どんなつながりの力をつけることができる場なのでしょうか。

　例えばステージ上で，セリフを忘れてしまった子がいたとします。台本通りに行うことを目標に練習していれば，その子がセリフを思い出すまで先に進みません。誰かが小声で伝えたとしても客席からはミスがわかり，発表は失敗と評価されるでしょう。

　では，台本通りではなく，臨機応変に対応できることを目標に練習していたらどうでしょうか。たとえセリフを忘れた子がいても，その子が恥をかかずに済むようなフォローをしたり，その子が別の場面で輝けるように振舞ったりすることができます。

　実生活も同じです。誰かが失敗したときに，「助けてやった」とばかりに行動するのは思いやりではありません。その子が傷つかないようにフォローすることが思いやりであり勇気です。相手の立場に立って考え，その時の最善と思えることに力を尽くすことが，関係性の中で生きるということだと思います。

　日常生活で培ってきた関係性を，舞台という場でも発揮できるような取り組みにしたいものです。

（2） 枠だけ示してつなげる

　ある年の学習発表会の取組の様子を時系列で記します。この年はコロナ禍真っ只中の学習発表会でした。制限が多かったため，何をするか悩んだ結果，学級ごとに「Youtube でダンス配信」というコンセプトでダンス発表をすることにしました。

【取組スタート】学習発表会の趣意を考え，ゴールを明確にする。

①学芸会，学習発表会の実施意義，価値を話し合い，合言葉をつくります。運動会や宿泊学習と同様の手順で行います。話し合いの結果，合言葉は「一致団結」となりました。

　この時点では，発表内容は伏せたままにしておきます。

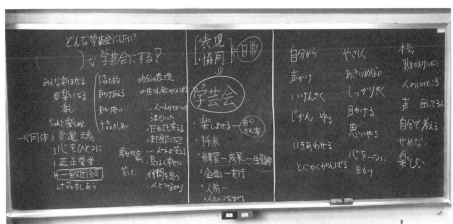

②数日後，何を行うかを発表しました。「今年の学習発表会は，Youtubeでダンス配信」というコンセプトでグループごとのダンス発表をします」というと，「イエーイ！」という喜びの声が上がりました。

　「先日みんなで考えた合言葉を達成できるようなものは何かを考え，ダンス発表になりました」と話したあと，発表はあくまでも目標を達成するための手段であることを説明しました。

　「それで，何のダンスを踊るのですか？」というので，何をどう踊るかも，

チームの持ち時間3分をどのようにするかもMCも衣装も何もかもを，チームのみんなで相談して決めることを告げました。

　子どもたちからは「そんなに自由でいいんですか」「僕達に任せてくれるんですか」という声が上がりました。「はい，みなさんを信頼していますので」と言うと，「自由って嬉しいけど，逆に少し怖いな」と子どもたち。活動に必要な大枠は示し，後は自分たちで責任をもつということの大変さを感じたのだと思います。

　その後，合言葉が具現化できるような個人目標を考えます。この際，子どもたちの意識が，結果ではなく過程に向くような価値づけをすることがポイントです。個人目標の下に目標達成のために自分ができることを書き，場にどのように貢献するかを自覚させました。

　教室前の廊下に，合言葉と個人の目標を貼りました。みんなのやる気が一気に爆上がりしたように感じました。

③どうやってダンスチームを編成するかは少し悩みました。全くのフリーで子どもたちに自由に決め

させることも考えました。しかし，踊りへのモチベーションや力量差が大きいと不協和音が生じます。人間関係が偏るのも懸念事項でした。

　そこで，踊りたいダンスの難易度のアンケートをとり，それに基づいて教師がチームを割り振ることにしました。子どもたちから決め方についての承認を得た後，アンケートをとりました。

④チームのメンバー発表をしました。不平不満も出ず。恐らく，事前のコンセンサスを丁寧に得たことがよかったのだろうと思います。その後，チームごとに集まって，チーム名，メンバー，リーダー，ダンスを決め，ポスター描き。チームで決めたポーズをとって写真も撮りました。

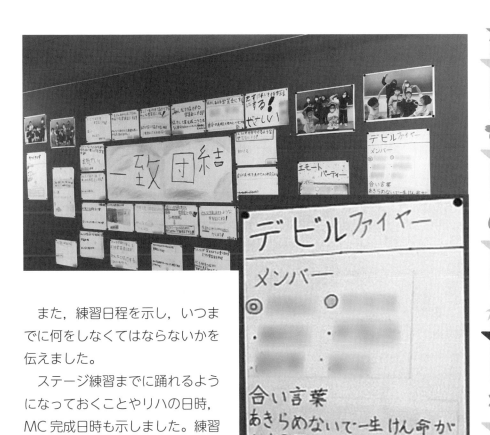

　また，練習日程を示し，いつまでに何をしなくてはならないかを伝えました。

　ステージ練習までに踊れるようになっておくことやリハの日時，MC完成日時も示しました。練習時数を伝えた後，必要があれば休み時間などで練習するように言いました。ただし，練習は強制ではなく必要と思ったらすること，基本的にグループで話し合って調整して決めること，だから先生は口出ししないこと，でも困った時はいつでも相談に乗ることを話しました。

　「って，ことは，自分たちがしっかりしなきゃダメってことですよね？やっぱ，任されるって，こえーなー」という男子に一同がうなずきます。自由の責任の重みを感じてもらえたようです。

⑤いよいよ練習開始です。一人一端末のおかげで，動画を見ながらあちこちで個人練習が始まりました。時折メンバー同士で確認し合ったり，教え合っ

たりする姿が見られます。私は教師用椅子にどっかり座り，教室の角から活動の様子を眺めていました。

みんな練習が始まっているのに，一グループだけ話し合っているところがあります。話し合っているというより，顔を突き合わせてどよーんとしてるだけ。まだダンスが決まらないのです。

このチームは，簡単な踊りを希望した子たちでしたが，「簡単な」という落としどころがそれぞれ違い決まらないようでした。ちょっと様子を伺って，私は教室の角に。特に声も掛けずにおきました。その日はそのまま進展せずにタイムオーバー。何か言いたそうな顔を向けていましたが，終了しました。

翌日の練習でも，そのチームはだんまり。ややしばらくしてＡ君が，「先生，ダンス決まらん。どうしたら良いか助けてください」とやってきました。「もちろん！」と私。希望のダンス曲はだいたい決まっているとのこと。でも，途中の難しい踊りができないから困っているとのことでした。

「難しいところは，動きを端折ったり全く別な動きにしたりする」「その部分の音楽をカットする」「踊れる子だけ踊って，できない子は違う動きをする」の方法を提示しました。では，簡単な踊りに代替しようとなり，ようやくダンスが決まりました。

ほっとしたのも束の間。今度は別チームの男子が怒った顔でやってきます。「先生！Ｂ君が恥ずかしくて踊れないって言って練習しません！」と訴えてきます。「私に何をして欲しいの？」と訊くと，「いや，別にいい」と言って

行ってしまいました。どうするのかなあと思ってみていると，訴えてきた少年がB君に懇々と諭しています。「いいか，みんなで決めただろう。目標は一致団結なのだ。お前が踊らなかったら，ダメなんだ」B君は困った顔で「だって，恥ずかしくて無理だ」と言っています。「何が恥ずかしいだ。気合いだ！気合いだー！」と少年。どうなることやら。

⑥練習が始まって数日。休み時間もチームで集まってダンスの練習しています。私は写真を撮ったり，「うわあ，うまいねー，すごいねー」と言って回るだけ。ダンスを決めるのが遅かったチームも，何とか踊れるようになってきました。恥ずかしくて踊れなかったB君も気合いを入れたようで，何とか頑張って踊っていました。

⑦次回から舞台練習が始まるという日。チームを一つずつ呼んで私の前で踊らせました。指先と姿勢を伸ばすこと，目線を上げて踊ることを修正するように言いました。この日の練習は，修正ポイントに沿ってメンバー内で互いに修正し合う時間になりました。

⑧初の舞台練習日。立ち位置の確認をしました。その後踊る様子を動画で撮りグループに配信。残りの時間は動画を見ながら修正点を相談していました。この日の私の仕事は，カメラマンのみ（笑）。

⑨本番まで1週間。ダンスも覚え上手に踊れるようになってきました。できるようになると一気に緊張は緩むもの。そこで新たなミッション。ダンスの前後のMCを考えさせました。全員が必ず話すという縛り。

　大まかな流れがわかるようなプリントをチームに1枚。プリントを囲んで話し合いが始まります。MCが決まったら随時練習。目線，声の大きさ，体の向きについて予め伝えておく。

⑩本番まで3日。もうすっかり原稿も覚え，スムーズな発表になってきました。子どもたちの表情にも安堵が浮かんでいます。ここで新ミッション。

春休み

4月

5〜7月

9〜12月

1〜3月

「みんな話すのも踊るのもとっても上手です。でも，面白くないの。どうしてかわかる？それは，台本に書いてあることを言っているだけだから。書いてあることを間違えないように言おうとするから勢いがないし，間違っちゃったら変な間が空くし。それがつまらないの。そもそも，台本に書いてあることを間違えないように言うことって，なんか意味ある？台本通りに言えたら成功で，間違っちゃったら失敗なの？それ，ほんと？」

　子どもたちはしーんとしています。おもしろくないと言われてややショックを受けているようにも見えます。「ね，どうせならもっとワクワクしたくない？」と投げかけると，「うん」と子どもたち。

　「と，いうことで，今日からは，台本通りにセリフを言ってはいけません。しかも，毎回違うことを言うという決まりにします」というと，大ブーイング。「そんなことしたら，次に何を言うかわからなくなります」「流れが変わっちゃいます」と子どもたち。そこで私は真面目な顔で言いました。

　「あのね，次何を言うかわからなかったら，わかる人が言えばいいでしょう。そして，その人が流れを思い出せるようなことを言えばいいでしょう？その場，その時に自分ができることを考えてやればいいだけのことなんだよ。

　普段の生活だってそうだよね。誰かが困っていたら，その場にふさわしいやり方で助けるでしょ？私の係ではないから助けないってことではないでしょう。自問清掃もそうだよね。今自分にできることは何かを考えてやろうとしているよね。つまりね，普段の学校生活でやっていることが舞台の上でもできますか，ということを言いたいの」

　行事は日常生活と地続き，普段の学びの成果を行事で見せようという美辞麗句をよく目にします。それは，授業で習ったことを発展させて，もっと上手にやって見せるということではありません。表現の場は違えど，日常の教育活動と行事との理念はつながっていうことなのだと思います。

　私の話に納得した子どもたちは，早速練習を始めます。「先生，無茶振りだよなー」とか言いながらも，ゲラゲラ笑って練習します。「毎回同じことを言わない」というミッションのおかげで，ものすごい緊張感で練習をして

い

ます。一人ひとりが自分は何ができるかを考えているのが伝わります。

　「あのねー，セリフとセリフのあいだが３秒空いたら，失敗したなってお客さんに思われちゃうよ。だから，３秒以内にセリフを言え！」

　私の剣幕に押されて，練習はますますヒートアップしました（笑）。

⑪学習発表会本番。自分たちで決めた衣装に身を包みニコニコ顔の子どもたち。ちょっとカッコつけてサングラスをかけている子も，ド派手なリボンを巻いている子も，なんだかとても嬉しそうです。自分で決めて，自分で実行することってこんなに愉しんだ。大変だけど，みんなで決めるって，こんなにワクワクするんだということを実感しているように感じました。

　発表は大成功。だって，台本通りに言わなくてもいいのですから間違いや失敗が存在しないのです。他チームの発表のときには，歓声を上げたり拍手をしたりして盛り上げます。今，自分にできることを精いっぱい考えたことの現れです。

　どの子も伸び伸びと発表し，満足気でした。どのチームも頑張り切ったという満足感でいっぱいでした。

⑫学習発表会が終わりました。超簡単に作ったムービーを見ながら振り返り。自分たちの頑張りを俯瞰します。

　その後，チームのメンバーにお礼のメッセージを送り合い，他チームへのメッセージを送ります。それぞれの気持ちを付箋に書き，廊下に掲示したポスターの周りに貼りました。

　自分には共に頑張った仲間がいる，みんなで力を合わせてミッションをクリアしたんだという思いが豊かなつながりを生んだと思います。

まとめ

①大枠を決めたら，あとは任せる。
②自分たちで問題解決していけるような課題を提示する。

授業でフラットにつながる

（1） 好きなようにつながる（算数）

　5年生の算数は難関教材の宝庫です。特に「少数のわり算」「単位量当たりの大きさ」「割合」を苦手とする子は少なくありません。前学年までの学習内容が定着していない子にとっては，ますます算数嫌いになりかねない難しい学習が並んでいます。担任としては，なんとかできるようになってほしいところですが，個人差が大きいのも悩みどころです。

　算数の学習に限りませんが，わからないこと，困ったことは自由に訊けるようにしています。

　例えば，発表中にうまく説明できなくったとします。その場合は，「うまく発表できないので，Aさん，続きをお願いします」のように，気軽にバトンタッチしてよいことにしています。指名された子は「はい！喜んで」「はい！暇なので」と言って指名に応じます。

　練習問題などを解くときも同じです。一人で解きたい人は一人で，友だちや先生の力を借りたい人はそばに行って良いことにしています。

　教師用机の横に長机を配置しておきます。主に私が対応しますが，早く問題を解き終えた子がここにきて質問に答えていることもあります。ここは，誰でも助けられる，誰の助けも受け入れられる場なのです。

（2） 発散してつながる（家庭科）

　2学期の家庭科では，ランチョンマットやエプロンなどをつくります。自分でつくったものというのは，愛着があるものです。その思いをもう少し味わわせたいと考え，でき上がったあとはすぐに掲示せず，ショーを行うことにしています。

　エプロンをつくったときは，ファッションショーをしました。私のクラスには，「運命のカード」といって，全員分の名前が書かれたトランプ大のカードがあります。誰かを指名するときやグループ分けをするときなどに使います。このときのグループ分けも，この「運命のカード」で無作為にメンバーを決めました。この時期になれば，誰とでも楽しく活動ができるつながりができるから安心です。

　即席のチームで，まずはファッションショー用の曲を決めます。曲が決まったら，ショーの流れを決めます。必ず一人ずつランウェイを歩いてポージングすること，最後に全員でのポージングも入れることがミッション。持ち時間は一チーム1分。こうした「枠」（＝制限）を設けることが，必然的に対話を生みます。

　初めは恥ずかしがっていた子たちも，次第にノリノリになって練習を始めました。普段，音楽の学習などで表現活動を行っているせいか，ユニークで大胆なポーズの連発です。大爆笑のうちにファッションショーを終えました。

　エプロンは，その時撮ったポージングの写真と一緒に廊下に掲示します。休み時間に眺めては笑い合う楽しい取組となりました。

まとめ

①つながりたいときはつながれるようにしておく。

②無作為につなげることも時には必要。

（1）　自主開発授業③『仲よしということ』でつなげる

　普通に話しては伝わらない，長々と話せば説教臭くなる。大事なことだけど，どう話せば伝わるかと悩むことがあります。そんなときは，道徳授業を介して伝えてみてはいかがでしょうか。

　子どもたちにとっての一大イベント，宿泊学習前に絶対にした方がよい授業を紹介します。

> 『仲よしということ』C　【よりよい学校生活，集団生活の充実】

【導入】

　この学校には，「１年生と遊ぼう週間」というものがあります。高学年である５年生が，１週間だけ毎日１年生と遊ぶという企画です。この集会の目的は二点。

・早く学校に慣れてもらう。

・「学校は楽しいよ」ということを知ってもらう。

　５年１組の教室では，早速学級会が開かれました。まずは，どうやってグループを決めるかが話し合われています。

授業展開

【展開】

①わたしは，男女混ざった方がいいと考えました。理由は次の四つ。

・女子ばかりだと女の子としか仲良くなれない。

・女の子の中にも男の子の遊びが好きな子もいる。

・男女混ざっていた方がにぎやかになる。

・クラスの人数的にもちょうど男女三人ずつでぴったりだし。

②クラスのほとんどが男女混合のグループがよいと意見を言いました。「みんなで仲良くなる」という目的にもあっています。このまま「男女３人ずつのグループ」と決まりかけたとき……。仲良しのあさみさんが，意見を言いました。

・やっぱり男女一緒は嫌です。だって，仲良しじゃない人がいたらつまらないです。女子六人だったら，その中に仲がよくない人がいても女子同士だからなんとかなります。それに，女子が三人しかいないなんてつまらない。自分たちが楽しめなければ，１年生だって楽しくないはずです。だから絶対に，女子は女子，男子は男子でグループをつくった方がいいと思います。
・あさみさんの考えをどう思いますか？交流してみましょう。

③司会の人がみんなに意見を求めました。
　　あさみさんと仲良しの子たちが一斉に意見を言い始めました。

・仲のいい人と一緒の方が楽しく１年生と関わることができると思います。
・男子は乱暴だから，１年生の女の子が怖がるかもしれません。だから，やっぱり女子は女子で遊んだほうがいいと思います。
・仲がよくない人と一緒だと，嫌々交流しなくちゃいけません。そうなると，自分も１年生も嫌な気持ちになってしまいます。
・これを聞いて，初めは「男女混合」といっていた人たちが，あさみさんの意見に賛成し出しました。
・それを見て，私も考えが変わってきました。
　　確かにみんなの言う通りかもしれないな。それに，ここで反対意見を言うとあさみさんたちから嫌われちゃうかもしれないな。
　　そう考え直し，あさみさんたちの意見に賛成することにしました。
・あさみさんの行動をどう思いますか。交流してみましょう。

④多数決の結果，男女別のグループをつくることに。
　　男子は四，五人で一グループ，女子は五人で一グループとなりました。さっそく，グループ作りが開始しました。私は，あさみさんたちと一緒になろうと思って，あさみさんの方に行きました。

あさみさんたちは，すでにグループを結成していました。話し合いで「女子は五人」と決まりましたから，自分も入れて六人ともなりません。

普段あさみさんたちと一緒にいる私は，他に仲良くしている人もいません。まさか自分が独りぼっちになるなんて想像もしていなかった私は途方に暮れます。

そこに，あまり話したことのない女子が来ました。独りぼっちで困っている私を，グループに入れてあげると誘いました。

・どの場面が一番悲しいですか？

A　みんなが先にグループをつくっているのを見たとき。

B　あさみさんに「ごめんね」と言われたとき

C　周りを見渡して，自分だけがグループに入っていないと気付いたとき

D　「入れてあげる」と言われたとき。

　考えを書きましょう。交流してみましょう。

【終末】

　グループをつくるとき，どんなことを大切にしたら良いと思いますか。考えたことをノートに書きましょう。

『楽しいはずの』 C 【よりよい学校生活，集団生活の充実】

授業の実際

【導入】

　「今日は宿泊学習の部屋決めの日です。6年3組では，男女に分かれて，話し合いでメンバーを決めることになりました」

【展開】

①男子の話合い

・男子は十五人。三人部屋が五つ。なのに，三人グループが三つ，二人グループも三つできてしまいました。どうしたらいいと思いますか？

・どのペアも「自分たちは親友だから，絶対に同じ部屋がいい」と言って譲りません。話し合いは難航。

・かれこれ一時間が経過したころ，A君とB君が言いました。

　「おれたち，別れてもいいよ」

　みんなは大喜び。

　「やった，二人ともありがとう」「A君もB君もやさしいな」

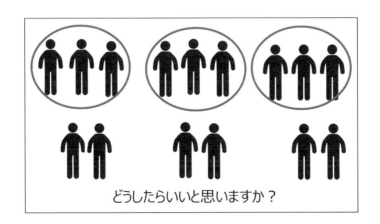

どうしたらいいと思いますか？

②女子の話し合い。

・女子は十二人。三人部屋が四つ。なのに，三人グループが三つと，四人グループと二人グループが一つずつ。どうしたらいいと思いますか？

・二人チームの二人が，四人チームのみんなに「誰か一人おいでよ」と声を掛けました。でも，四人とも首を縦に振りません。絶対にこのチームから外れたくないというのです。

どうしたらいいと思いますか？

・かれこれ１時間たった時。四人の中からＣさんが，「このままじゃ決まらないから，私が行くよ」といいました。「え？いいの？」「ほんと？」といいながらも，他の三人は大喜び。

・めでたし，めでたし……。

・これで本当によかったと思いますか？考えをノートに書きましょう交流しましょう。

③さて，宿泊学習の日。

・Ａ君が入った三人部屋では……。

　他の二人はふだんから仲良し。いつも一緒にいるから，二人でやっているゲームの話題に夢中。最初は，Ａくんも話題に入ろうとしたり，笑顔でうなずいていたりしていましたが，二人にしかわからない話ばかりでつまらなくなってきました。

　お風呂に行く時間も勝手に二人で決めたあと，「いいよね？Ａくん」と言

ったきり，また二人の世界。Aくんはだんだん悲しくなってきました。
・Cさんが入った三人部屋では……。
　Cさんは，ふだんから仲良しでいつも一緒にいる二人の中に入りましたが，少しも嫌な思いをしませんでした。
・どうしてだと思いますか？交流してみましょう。
・二人にしかわからない話をせず，Cさんと共通の話題で盛り上がりました。また，何か相談するときは三人で話し合い，Cさんの話もちゃんと聞いてくれました。
・Aくんの部屋とCさんの部屋の違いは何でしょう？考えをノートに書きましょう。交流してみましょう。
④宿泊学習が終わりました。
　Aさん。

> あ〜あ。なんだかつまらなかったなあ。
> 部屋で，あんな嫌な気持ちになるなら，やっぱり譲らなきゃよかった。
> 結局，わがままを言ったもの勝ちってことだよね。
> 話し合いって，優しい人や気が弱い人が譲るってことだよね。

・Aさんの気持ちや考えをどう思いますか。交流してみましょう。
【終末】
　みなさんの楽しみにしている宿泊学習ももうすぐです。部屋決めやグループ決めもあります。誰も悲しい思いをしないようにするために，あなたは，どうしたらいいと思いますか。考えをノートに書きましょう。

まとめ

①第三者的視点でつながりを客観視できる教材を開発する。
②結論を決めつけないで，考えさせて終わる。

6 本で心がつながる

（1） 読み物でつながる

　春から続けてきた絵本の読み聞かせは，少しずつ読み物へと移行していきます。一気に長いお話に行くのではなく，少しずつ長さを増やしていくのがよいと思います。

　童話や児童書は，１回で完結する絵本と違って，少しずつしか読めません。ですから，「次はどうなるだろう」という楽しみがあります。長い期間かけて地道にゴールを目指すというのもなかなか良いものです。

　ここでも，おすすめの本をいくつか紹介します。

・「がまくんとかえるくんシリーズ」
アーノルド・ローベル作
文化出版局　1972
・『ふくろうくん』アーノルド・ローベル作　文化出版局　1976
・『おぼえていろよ　おおきな木』佐野洋子作　講談社　1992
・『エルマーのぼうけん』　ルース・スタイルス・ガネット作　福音館書店1963
・『ルドルフとイッパイアッテナ』斉藤洋 作　杉浦範茂 絵　講談社　1987
・『ハンカチの上の花畑』安房直子 作　岩淵慶造 絵　あかね書房　1973
・『ハッピーバースデー　命かがやく瞬間』青木和雄 作　加藤美紀 絵　金の星社　1997
・『モモ』ミヒャエル・エンデ 作　岩波少年文庫　2005
・『ねらわれた星』星新一 作　和田誠絵　理論社　2001
・「ナルニア国物語シリーズ」Ｃ・Ｓルイス作　岩波少年文庫　2000

（2） 読み手の歴史とつながる

　安房直子さんの名作『ハンカチの上の花畑』は，私の大好きな作品です。小学生のときに図書室で偶然手に取って以来，ずっと心を掴まれ続けています。

　安房さんの本は，どれもことばが美しく，声に出して読むとそれがよく分かります。ですから，私の下手な朗読でも，子どもたちは夢中になって耳を傾けてくれるのだと思います。

　私はこのお話を読み聞かせるとき，図書館で出逢ったあの日の感動を必ず話します。単に本を読んで聞かせるというのではなく，担任の背景にある歴史の一部として聞いてもらえると思っています。本を介して他者を知るという豊かさを感じてほしいと思っています。

　子どもたちのリクエスト本を読むこともあります。かつて，『ハリーポッターと賢者の石』（Ｊ・Ｋ・ローリング）をリクエストされたことがあります。この本は日本で発売されたときからの大ファンで，大好きな一冊です。しかし，余りにも長く読み聞かせには向いていないと思っていました。そう断って読み始めると，これまた子どもも私も夢中になってしまいました。

　本を読み聞かせるということは，読み手と聞き手，聞き手同士の間に，何か目に見えないものでつなぐ不思議な力があると思っています。

> **まとめ**
>
> ①事例を客観視できる。
> ②結論を決めつけないで，考えさせて終わる。

春休み
4月
5〜7月
9〜12月
1〜3月

7 休み時間で楽しくつながる

✳ グッズでつながる

　冬に向かう季節は，雨が多く外で遊べない日が続きます。室内でばかり遊んでいると，子どもたちのフラストレーションがたまります。結果，廊下を爆走したり，教室で鬼ごっこしたりしてしまうことに……。あるいは，不要なけんかやトラブルが起きてしまうこともあるでしょう。

　コロナ禍で自由に遊べないときに実感したのですが，「条件が揃っていないと遊べない」という子がとても多いのです。しかし，どんな条件下でも自ら工夫し，自分で遊びを生み出す力をもってほしいと思っています。そんな思いから教室には，子どもが遊びを生み出す仕掛けを施しています。

・ギター

　私はさっぱり弾けないのですが，なぜかアコースティックギターを持っています。これを教室に立てかけておくと，興味のある子が寄ってきます。おじいちゃんにギターを習っているというA君は，休み時間ごとにギターを弾いてくれました。ストーンズ，クラプトン，ヴァン・ヘイレンと選曲も渋く，随分私と話が合いました。

　初めはA君と私だったのですが，次第に色んな子がA君からギターを習い始めました。A君と全く接点のなさそうな子が来たのも驚き

でした。教室に楽器があることで，文化が生まれ，文化が広がる時間になりました。

・工作

　勤務校では，教室に配置する遊道具が決まっていて，教室によって差が出ないようにしています。個人的にはいろいろなグッズを持っているのですが，現任校では封印しています。

　あるとき，子どもたちから，人狼カードを持ってきたいと懇願されたことがありました。しかし，学校での取り決めですので許すわけにはいきません。私は絶対にダメと突っぱねました。すると，子どもたちは，人狼カードを作るから，画用紙をくださいと言い出しました。自作の游具なら，学校の取り決めを破ったことにはなりませんよね。私は「君たちは賢い！天才だ！」と自ら創意工夫する精神を褒め，画用紙をあげました。子どもたちは喜んでカードを作り，わいわい言いながら遊んでいました。私はいつも，何かを作ると言えばホイホイと紙や段ボールをあげていたので，教室に魚釣りゲームができたり，ダーツや迷路ができたりしていました。時には段ボールハウスまでできていたこともありました。教室の一角のダンボールハウスに入って寝っころがる子どもたちは，それはそれは楽しそうでした。

　「遊び道具がない」という不備・不足があるからこそ発想が豊かになり，工夫が生まれます。「どうしたらうまく作れるだろう」と知恵を出し合います。手作りだから，不具合や不都合があります。不具合や不都合があるから自ずと対話が生まれ，相談や話し合いがなされます。いちいち大人がお膳立てしてやらなくとも，子どもは自分たちで愉しむために，自分たちで問題解決をする力があるのです。

まとめ

①**敢えて不完全な形で置いておく。**
②**不自由が工夫を生むことを心得る。**

私の長期休業から考えたこと

　みなさんは，長期休業をどのように過ごしていますか。自治体によって勤務形態や会議の有無などに差があり，どの程度自由がきくかは違うと思いますが，英気を養う豊かな時間を過ごせているでしょうか。

　私が初任だった約30年前は，長期休業中の郊外研修権が今より緩やかに認められていました（少なくとも私の勤める自治体では）。先輩の先生からは，
　「教師は見るもの，聞くもの，食べるものすべてが授業に還元できる。経験したことすべてが人となり，教育となる。だから，長期休業中はあちこち行って見聞を深めろ」
と教わったものです。実際，先輩先生たちの中には毎年海外旅行に出かける人もたくさんいました。何しろバブル期直後でしたから，まだまだ景気もよかったし教員のお給料もいっぱいでした。時間もお金もいっぱいある長期休業。教員って，なんて素敵なのだろうと思いました（笑）。

　しかしながら，当時の私はバレーボール少年団（小学校版の部活です）の指導者をしており，夏休み中も毎日練習や試合に明け暮れていました。別に強くなりたいとか勝ちたいとか少しも思っていなかったのですが，当時の風潮では練習するのが当たり前でした。20代のペーペーが，練習したくないなんて言える雰囲気ではありませんでした。めんどくさいな，嫌だなと思いながらでしたが，たいしてすることもなかった私には，さほど苦ではありませんでした。

　練習で学校に行き，練習が終われば来学期の準備をしていました。できるだけ貯金をしておいて，少しでも来学期が楽になるようにとの思いからです。たくさん貯金したはずなのに，学期が始まれば結局日々の仕事に追われアッ

プアップだったことを覚えています。

　20代半ばで結婚し，出産したことを機に，少年団活動からは足を洗いました。おかげで長期休業中の指導は無くなりました。稼業日に比べると自由がきく長期休業期間ですが，全て休むわけにはいきません。しかし，普段寂しい思いをさせているだろう我が子と一緒にいる時間をできる限りたくさん確保したくて，可能な限り休みを取っていました。

　子どもたちが少し大きくなると，毎回必ず旅行に行きました。かつての先輩先生が言うように，見るものすべてが教材になりました。これは社会で使えそう，これを見せたらクラスの子は喜ぶだろう，そんなことを考えながらの旅行でした。職業病ですよね。

　民間教育研修に出会ったのもこの時期でした。当時の同僚があちこちの研修会に行っては力をつけているのが眩しくて，うらやましくて，私は一人で焦っていました。少しでもみんなに追いつこうと思い，長期休業中は教育書をたくさん読みました。休み中に一日だけに限って研修に出かけるも，子どもたちを置いて出かける罪悪感と帰ってからその日できなかった山のような家事に押しつぶされそうでした。

　そんなこんなで，子どもたちが小さかった20代後半から30代半ばくらいまでの長期休業は，家族旅行の他は，家事と育児と少しの研修と読書で終わり，来学期の貯金などあまりできなかったと記憶しています。

　子どもたちがもっともっと大きくなった30代半ばごろから，私は民間教育研修に本格的に関わり始めました。子どもたちの習い事などがあるため，全ての時間を研修に費やすことはできません。ですから，自分が本当に学びたいもの，どうしても会いたい講師が来るものに絞って出かけていました。赤坂先生のお話を聴いたのも多分この時期（30代後半）だったと思います。このときの出会いがその後の人生に大きく影響することの不思議を，改めて思います。

この頃になると，少しは時間に余裕ができ，長期休業中に来学期の準備を
することができました。授業の貯金となるような教材研究が主でしたが，校
務分掌の仕事も先取りして行っていました。30代半ばから，ずっと研究主任
として校内研修に関わっていたので，長期休業中のまとまった時間に提案を
つくれることがありがたかったです。

　40代半ばになると，子どもたちも大きくなり，圧倒的に自分の時間がもて
るようになりました。家族のための時間の制約はありますが，自分の研修の
ための時間をつくることができました。
　この頃は，雑誌原稿や単著の執筆に追われることが多く，長期休業中は，
原稿を書いているか研修会の準備をしているか，研修会に出ているかという
日々を送っていました。そうでなければ，そのために必要な本を読み漁る毎
日でした。
　勤めて20年ほど経つと，それなりに蓄積ができ，長期休業中に来学期の貯
金をすることは無くなりました。校務分掌も相変わらずの研究部長でしたが，
学校の仕事は稼業日に，長期休業中は自己研鑽のために時間を使うというラ
イフスタイルが定着していました。

　私は，今，50代半ばを迎えました。こうして過去を振り返ると，ライフス
タイルによって長期休業中の過ごし方が変わっていたことに気付きました。
若い頃は蓄積が少ないから，どうしても学期中にやり残した仕事と来学期の
準備に時間が割かれます。子育て期間はどうしても育児優先になり，自分の
時間を思うようにはもてませんでした。1日24時間では足りないほど忙し過
ぎて，何度この仕事を辞めようかと思ったかしれません。
　でも，経験を積み，年をとっていくと，少しずつ蓄積が増え，仕事の要領
も分かってきます。気持ち的に余裕も生まれます。人と比べて焦ることもな
くなりました。こうあるべきなのにと，自分を責めることも卑下することも
なくなりました。

今，私に言えることは，ライフスタイルに合わせて，長期休業を愉しみましょうということです。その時に与えられたものの中で，自分の時間の使い方を自分が決める愉しみを味わいましょう。

　他人や世間に合わせる必要も，比べる必要もないのです。もっと○○しなくてはと焦る必要もないのです。今もっている時間をどう使うかを，自分の物差しで決めればよいのだと思います。

　家族や友だちとの時間を満喫するのもよし。
　旅行に出かけるもよし。
　だらっと過ごすのもよし。
　研修に勤しむのも，読書三昧の毎日を過ごすのもよし。
　来学期の準備をして安心するのもよし。

　今，自分にはどのくらい時間があるのか。どんな時間が必要なのか。そんな自分の時間と向き合って，長期休業を満喫できれば良いと思います。

　新学期が始まれば怒涛の日々が始まります。その日々に飲み込まれず，太刀打ちできるような心の栄養をたっぷり蓄える。そんな貯金ができるのは，教職というこの仕事だけではないだろうかと思います。

余談　私は，新学期が始まったら，カレンダーの終業式の日に赤丸付けます。学校は嫌いじゃないし，働くことも嫌じゃない。でも，やっぱりだらっともしたい。大変な毎日もあと○日！と思えば，頑張れる気がしませんか？

5 人間関係を深め，確かにつながる

 1 冬休み明けにしっとりとつながる

（1） 運だめしで幸せにつながる

　冬休み明けは，まだ気分はちょっぴりお正月。そこで，１時間目を学活にし，「３学期もみんなで楽しもうぜ！」という気持ちが高まる「おみくじ」からスタートします。

　おみくじは吉凶の運勢を示すのではなく，すべてが幸運となる具体的姿を示します。例えば，次のようなものです。

・休み時間に友だちと大笑いするでしょう。

・次の漢字テストで98点を採るでしょう。

・図書館で素敵な本に出会うでしょう。

・ピンチのときは，友だちが救ってくれるでしょう。

　できれば人数分のパターンを，少なくとも人数の半数のパターンをつくります。多様なものがあることで，次に行う交流が活発になるからです。

　おみくじを引いたら，「せーの」で同時に開きます。すると自然と交流が始まります。さらに，立ち歩き可として自由交流にします。

　その間教師は，誰がどのような態度でどのようなことばをつかって交流しているかに注目しておきます。交流後，自分から色々な人に自分から話しかけたりポジティブな言葉や言い方で会話したりしていた様子を紹介します。

　３学期の始まりに，他者と豊かに関わるために心がけさせたいことを再確認しておきます。

（2）　決意を新たにしてつながる

　おみくじの後は，「今年の一字」を考えます。まず，ワークシートを配り，今年はどんなことを頑張りたいか，どんな1年にしたいかを考えさせます。

　次に，それを体現する漢字を一字選定します。辞書やネットで検索してもよいし，担任や友だちに相談するのもよしとします。ただし，誰かの案に迎合したり，見映えのよさに引っ張られたりしないよう，自分の思いにぴったりな一字を選ぶことを確認しておきます。

　選んだ漢字はワークシートに記載します。思いが表現できるように，自分の好きな筆記用具で好きなように書かせます。筆ペンを使う子あり，文字をデザイン化し着色する子ありで，個性豊かな一字が出来上がります。一字の隣の枠には，選択理由をびっしり書かせます。1学期から自分の気持ちや考えをできるだけ詳しく書いたり話したりすることを繰り返してきているので，3学期の段階では難なく書けるようになっています。とはいえ，書く力量には個人差がありますので，枠に罫線を入れないことがポイント。文字の大きさや字間を個人の裁量で決められる隙間をつくっておきます。

　完成後は，ペアでワークシートを交換し読み合います。読後の感想や前向きなメッセージを付箋に書いて相手に渡します。他者が書いたものを精読し，文章でフィードバックすることで，じっくり他者に向き合うことができます。より深く他者とつながるためには他者が何を思考しているかに目を向けることが大事であることを改めて示唆しておきます。

まとめ

・つながるための姿勢やことばを確認できるワークを入れる。

【参考文献】「とっておきの道徳授業シリーズ」日本標準

道徳授業で声をつなげる

（1） 自主開発授業④『本気の時間』でつなげる

　3学期にもなると，人間関係もだいぶ出来上がり，グループが固定化している場合もあるでしょう。表面的には人間関係が「うまく」紡がれているように見えても，友だちに気をつかっていたり本音を言えなかったりする子がいます。

　何もかも本音をさらけ出すことは難しいことですし，その必要もありません。ですが，他者と深いところでつながるには，時にけんかになったとしても本音をぶつけ合うことも必要です。この先，人生の友を得たり，人生の決断を揺るがすような人と出会ったりするであろう思春期のこの時期において，「他者と本気でつながろうとしているか」という一石を投じる授業を紹介します。

　『本気の時間』C　【友情　信頼】

【導入】

　「この曲はメロディも素敵ですが，歌詞もとても良いので，耳をよく澄まして聴いてください」
と前置きし，山崎朋子さん作詞・作曲の合唱曲『大切なもの』を一番だけ聴かせます。その後，曲についての感想を自由に出させます。

授業展開

【展開】

①一番の次の部分の歌詞を提示します。

> 空にひかる星を　君とかぞえた夜
> あの日も　今日のような風が吹いていた

　この歌詞から，どんなことが想像できますか？次の観点で自由に考えて交流してみましょう。
・季節はいつですか？
・場所はどこですか？
・「君」とはだれですか？
・星はどのくらいありますか？
・どんな風ですか？
・どんな経緯で，二人で星を数えることになったのですか？
②提示部分以下の一番の歌詞を提示する。

> あれから　いくつもの季節こえて　時を過ごし
> それでも　あの想いを　ずっと忘れることはない
> 大切なものに　気づかないぼくがいた
> 今　胸の中にある　あたたかい　この気持ち

　「あれから」というのは，「星を数えた夜から」ということです。あの星を数えた夜から「今」までずっと「大切なもの」はあったのに気付けずにいた，でも今になって気付いたということですね。「大切なもの」とは一体何でしょう？なぜ，今になって「大切なもの」の存在に気付いたのでしょう。どんな出来事があって気付いたのでしょう？想像して交流してみましょう。
③２番の歌詞を提示する。

> くじけそうな時は　涙をこらえて
> あの日　歌っていた歌を思い出す

がんばれ　　負けないで　　そんな声が聞こえてくる
　　ほんとに　　強い気持ち　　やさしさを教えてくれた
　　いつか会えたなら　　ありがとうって言いたい
　　遠く離れてる君に　　がんばる　　ぼくがいると

　「くじけそうな時」とは，何にくじけそうになっているのかということや，
「君」はもうそばにはいないということから，次のことを想像し，交流して
みましょう。
・今，「ぼく」は何歳くらいでしょう。
・どんな生活をしているのでしょう。
④「がんばれ　まけないで　そんな声が聞こえてくる」「いつか会えたなら
　　ありがとうって言いたい」という歌詞から，「ぼく」と「君」はどんな時
　間を過ごし，どんなことを話したのでしょう。できるだけ具体的に想像して
　みましょう。交流してみましょう。
⑤しんとした空気をつくり，次のスライドを提示。スライドには一枚につき
　一文を大きく表示し，教師は読み上げずにそれぞれが黙読する。

・あなたは，ずっと時間が経ってもなお心に残ることばを友だちに贈ってい
　ますか。
・あなたは，遠く離れてもなお忘れないあたたかな思いを友だちに届けてい
　ますか。
・あなたは，「今がんばれるのは君のおかげ」と言ってもらえるような，友
　だちとの本気の時間を過ごしていますか。

　その後，『大切なもの』を歌詞を提示しながら静かに最後まで聴く。曲の
終了後，再度次の一文をスライドで提示し授業を終える。

・あなたが友だちに贈る「大切なもの」とは何ですか。

（2）　合唱につなげる

　この道徳授業の後，子どもたちから「音楽の時間に歌いたい！」という声が上がります。歌詞の解釈は道徳の時間に終えているので，どのように歌えば良いかをみんなで考えながら合唱を仕上げていきます。

　楽譜を見ると，全ての歌い出しが８分休符から始まっています。まずは，それにどんな意味があるのかをみんなで考えます。

　「休まず歌い出すと急いでいる感じになる。しみじみした感じが無くなる」

　「思い出しながら立ち止まっている感じじゃない？」

　「君との思い出を一つ一つ思い出して大切にしている感じがする」

　子どもたちからはそんな考えが出ました。

　また，冒頭はユニゾンでＢメロの「あれから～」から２部合唱になるのにどんな意味があるかを考えました。

　「最初は一人で思い出しているからユニゾン。Ｂメロからは「君」とのことを語っているから２部なんじゃない？」

と子どもたち。

　また，

　「Ｂメロのソプラノとアルトが追いかける構成になっているところは，互いの声を聞き合いながら大事に歌おう」

　「自分だけで突っ走らないように歌おう」

となりました。

　「上手に歌う」「きれいに歌う」ではなく，「互いの声を聞き合う」「自分ばかりが先走らない」ということが出てきたのは，これまでずっと紡いできた関係性につながる成長の姿のように見えました。

まとめ

・「ことば」の奥にあるつながりに目を向けさせる。

3　6年生を送る会でつながる

（1）　感情をチューニングしながらつながる

　6年生を送る会の企画・運営を，5年生が担当するという学校は少なくないのではないかと思います。そのために3学期は大忙しだという声もよく聞かれます。

　ところで，6年生を送る会は一体何のために行われるのでしょう。「お世話になった6年生に感謝の気持ちを伝える」「お祝いと励ましの気持ちを伝える」というのが一般的な目的です。これは，裏を返せば，在校生全員が6年生に感謝の気持ちをもっている，お祝いや励ましの言葉を贈りたいと思っているという前提であるということです。ですから，「感謝の気持ちを伝えて卒業をお祝いしよう」がスタートになると，そう思っていない子にとっては「やらされている感満載」の苦行となってしまいます。

　そうならないためには，4月から6年生に対する感謝や尊敬の念が生まれるような関わりをもっておくことが肝要です。委員会やクラブで接した6年生のかっこよさをシェアしたり，学校行事での振る舞いをその都度価値づけしたりしておくのも良いでしょう。また，修学旅行の報告会をしてもらったり，合同体育や合同音楽をしてみたりするのも良いでしょう。

　それでもどうしてもプラスの感情が湧かない場合は，「同窓になったのも何かのご縁」「感謝の気持ちを無理にもつ必要はないが，6年生が幸せな気持ちで卒業を迎えられるよう振舞えるのも，人として大事なこと」と説きます。これは，相手との関係性に応じて自分の感情をチューニングするということです。学級ではもちろんのこと，社会に出て様々な人と出会ったときに，自分と違う背景をもつ人や自分とは異なった思想をもった人との関係づくりに必要な姿勢だと思います。

（2） 脇役としてつながる

　企画段階から全員が関わる，実行委員会が中心になって立てた企画に沿う
など，いろいろな取り組み方があります。どこからどのように5年生を参画
させるかは，学校事情や規模に応じ可能なスタイルをとるのが良いと思いま
す。

　しかし，どんな方法であっても，押さえておきたいのは「主役は6年生で
ある」ということです。5年生は主役ではないのです。脇役として，縁の下
の力持ちに徹する意識がもてるようにすることが大切なのです。

　どのような中身にするかを学年で話し合ったとき，「物まね大会」という
案が出たことがありました。5年生のする物まねを6年生に当ててもらうと
いうもの。これまでにない面白い企画として，多くの賛成意見が出ました。
多数決をとらずとも満場一致で決定かというころに，「それって，6年生は
楽しいのかな？」と疑問が投げかけられました。

　そうなのです。答えるのは6年生となっていますが，目立つのは5年生で
す。6年生を楽しませようとは考えていますが，主役になっているのは5年
生なのです。それに，6年生全員が参加できるわけではなく，楽しめるのは
ごく一部になってしまうのです。

　他者との関係性において，常に自分が主役になったり，常に対等であった
りするわけではありません。「卒業を控えた6年生」というちょっとだけ遠
い他者に対し自分をどう対置するかは，全体の中での関係性をどう位置付け
るかということです。これも，他者とのつながりにおいて必要な視点ではな
いでしょうか。

> **まとめ**
>
> ①定められた枠の中で感情をチューニングできればつながれる。
> ②つながりの中の自分の立ち位置を自覚させる。

4 お楽しみ会でつながる

✳ 納得してスタートするからつながる

　学年末が近づくと，お楽しみ会をしようという声が上がってきます。どこかのクラスが企画しているのを聞いて，あるいは過去に実施していたことに倣って，「うちのクラスはいつやるのですか」と訊かれることもあります。

　4月からクラス会議を繰り返し，「言いたいことは自分で言う」「今よりもっと楽しく幸せになることはどんどんしよう」と投げかけていると，担任から言わなくとも「お楽しみ会がしたい」という議題が上がってきます。子どもから希望が出たのですから，お楽しみ会をするという前提で話し合いを進めてよいと思われるかもしれません。お楽しみ会はみんなが楽しみにしているもの，したくない子などいるわけがありません。でもこれ，本当なのでしょうか。

　「お楽しみ会をしたい」という議題が上がり，その是非を問うたところ，お楽しみ会をしたくないという声が上がりました。A君です。A君は元気でやんちゃで，いつも明るくて楽しくって，面白いことが大好きな子です。いかにもお楽しみ会が好きそうなのに反対意見を出すなんてと，みんながびっくりしました。A君の理由はこうです。

　「4年生のときにお楽しみ会をしたけれど，けんかばっかりおきてつまらなかった」

　A君以外の子は全員賛成。おお，これはどうなるだろうと私はワクワクしながら話し合いを見守りました。

　お楽しみ会開催の賛成意見は，次の通り。

・1年間，みんなで頑張ってきたから，そのお祝いがしたい。

・最後にみんなで楽しい思い出をつくりたい。

・4年生までずっとやってきたけど，楽しかったからまたしたい。

・みんなで盛り上がって終わりたい。

　これに対し，Ａ君は言います。

　「みんなの言っていることはわかるけど，どうせけんかになる。それなら
やらない方がいい」

　これを受けて，お楽しみ会でけんかが起きることへの解決策を話し合いま
した。

・けんかが起きないように，みんなで気を付ければ良いと思います。

・約束を決めて，みんなが約束を守れば良いと思います。

・自分勝手なことをしなければ良いと思います。

・ちょっとぐらい嫌なことがあっても我慢すれば良いと思います。

・「楽しもう」という気持ちがあれば楽しめると思います。

　確かに正論です。確かにその通りです。しかし，Ａ君は納得しません。

　「４年の時も約束を決めたけど，結局，みんながふざけて好き勝手やって
た。だから，そんな約束を決めたって無駄だし，今はみんなかっこいいこと
言ってるけど，どうせお楽しみ会になったら暴走するんだ」

　さて，みなさんなら，この場面をどう納めますか。反対しているのはＡ君
一人ですから，多数決で開催を決めますか。それとも，Ａ君が納得するまで
話し合いを続けますか。

　私は普段，クラス会議に口出しをしないことにしています。しかし，司会
がこのまま多数決で決めようとしたので，次のように話しました。

　「みんな，このまま多数決で決めちゃっていいのかな？Ａ君が訴えている
ことって，もっとみんなで考えなきゃならないことだと思うんだよね。お楽
しみ会をすることにどんな意味があるのか，やってよかったと思うためには
どうしたらいいのかをＡ君が安心できるまでは話さなきゃ，結局Ａ君のいう
ようなことが起きるんじゃないかな」

　教室はしーんとしました。何となく気まずい雰囲気になりました。でも，
Ａくんの訴えを曖昧にしてノリでお楽しみ会をしても，楽しめない子や嫌な
思いをする子が出るのではないかと思いました。それに，この１年間は，

度々あったけんかや問題にみんなで向き合って解決して来ました。だからこそ，Ａ君の意見を単なる一意見として受け止めるのではなく，みんなの問題として真剣に考えてほしかったのです。

　司会の子の投げかけにより，再度解決策が話し合われました。

・進行している人の話をちゃんと聴く。4年生の時は，きっと，進めている人が話しているのにふざけて聞こえなくなって，だからぐちゃぐちゃになったと思う。

・みんなで盛り上げよう。イエーイとか言って笑って，けんかなんか起きない雰囲気をつくって盛り上げれば良い。

・もっとさ，みんなに呼びかけたら良いんじゃない？つまらなそうにしている人がいないかとか気を配ってさ。けんかしそうな人たちがいたら，まあまあって言って笑ってさ。責めるんじゃなくて，楽しもうぜって誘う。

・勝ち負けとかがないゲームをすれば，変にこだわる人がいなくなるんじゃない？出し物とかさ，面白い企画を考えよう。

・あ，それ，いいね。全校鬼ごっことか，全校かくれんぼとかいいね。

・全校かくれんぼしたい！めっちゃしたい！

　で，Ａ君。

「俺も，全校かくれんぼしたい！」

「やったー！全校かくれんぼしよう！」

と，満場一致で決定。え？ちょっと待って。全校かくれんぼなんかできるわけないじゃん。だって授業中だよ。他のクラスの迷惑でしょう。それに，安全管理面から，管理職が許可出すわけないよね……。

　そんな私の心の声が聞こえたのか，

「先生，全校かくれんぼ，できますよね？」

と子どもたち。

「うーん，私はさせてあげたいけど，残念ながら私の一存では許可できないんだよね」

と言うと，

「じゃあ，校長先生に許可をもらいます！」
と鼻息荒く，教室を出て行こうとします。それを静止して

　「あのさ，人を説得するときって，何が大事なの？例えば，ゲームがほしいときに，ただ買って買ってと駄々をこねても買ってもらえないでしょう？何か正当な根拠や，起きるであろう問題の解決策なんかを先に示さなきゃ納得してもらえないでしょう？何の考えもなしに行ったって，校長先生は分かってくれないよ」
と言いました。そこで子どもたちは，第二の作戦会議を開き始めました。

　こういう時の子どもたちって，実に生き生きしています。自分たちで考えたことを実現するために知恵を絞って，相談して，決めてゆく。決められたことをこなすのとも仕方なくやらされるのとも違って，内からのエネルギーが湧き出ているのが傍から見ていても分かる。普段控えめな子がナイスアイディアを言ったり，ついさっきまで不貞腐れそうになっていたA君が笑っていたり，本当に楽しそうだなあと思いながら様子を見ていました。

　でき上がった計画書はさすがに幼稚で杜撰だったため，

・全校かくれんぼをする目的
・そのために必要な場所や時間
・心配される問題と解決策

に分けて考えることをアドバイスしました。「心配される問題」が具体的にどういうものかが5年生には想像しづらいと考えたので，「授業の邪魔になる」「安全性を欠く」ことが懸念材料であることを伝えました。

　この日はここでタイムオーバー。中心になっていた子たち数名が，帰宅後家でたたき台をつくってくることになりました。子どもたちは興奮気味で，教室には何だかすごい熱気が漂っているように感じました。

　翌日，代表の子が嬉々としてプランを発表すると，教室には大きな拍手。私は出来栄えの是非を問われたので，笑顔でOKサインを出しました。すると，その途端，

　「よし！校長室にいくぞ！」

と，あれよあれよという間にみんなで校長室に行ってしまったのです。

　え。私，管理職に何にも言っていない……。企画書ができるのはもう少し先だろうと思っていたし，上手に説明する作戦なんかも伝授しようと思っていたのに……。そう思いながら，子どもたちの後を追いました。

　校長室の前に行くと，すでに代表の子によって企画書が手渡されていたところでした。ひえぇ。校長，鳩が豆鉄砲食らったような顔してる……。が，校長は言いました。

　「君たちの気持ちはよくわかったよ。宇野先生や教頭先生ともよく相談して返事するね。許可できるかどうか，今すぐは決められないけど，ちゃんと考えるから少し時間をくださいね」

　その言葉に子どもたちは納得し，ニコニコしながら教室に戻って行きました。私はおずおずと校長の前に出て

　「校長先生，申し訳ございません。事前にご相談申し上げておくべきところ，子どもたちの申し出が先になってしまいました。私の落ち度です」
と深々と頭を下げました。いくらなんでも，校長の耳に一ミリも入っておらず，いきなりの直談判はまずいでしょ……。そう思ったのですが，

　「子どもたち，自分たちで考えて行動したのですね。先生のクラスは春からずっと，クラス会議でいろんなことを話し合ってみんなで決めていましたよね。そういう経緯の先に，このことがあると理解しています。だからこそなお頭ごなしにダメだとは言いたくないし，可能な限り実現させてやりたいのですよ。自分たちで考えてみんなで協力して希望を叶える経験をさせてやりたいのですよ。大人のエゴや都合でがっかりさせたくないのですよ」
とおっしゃったのです。もう，私，感動しました。校長先生は，春からずっと毎日全教室を回り，授業を参観されていました。わがクラスのクラス会議の喧々諤々もご覧になっていました。だからこそ理解してくださったのだと思います。学級の日常と成長を見て，このクラスに今大事なことは何かを考えてくださる校長の下で働けることを誇りに思いました。

　私は，子どもたちの企画書を補足し，時間と場所を限ること，安全管理を

徹底すること，他の教職の理解を得ることを教頭に伝え，全校かくれんぼ実施にこぎつけました。

　子どもたちにそのことを伝えると，大喜び。「みんなで考えて決めたことを実行しようとするみんなの心を大事にしたい」という校長の言葉を伝えました。するとＡ君は

「信じてもらえたんだなあ」

とポツリ。だからこそみんなでちゃんと楽しもう，みんなに迷惑をかけずに楽しもうという声があちこちから上がりました。校長先生の期待を裏切ってはいけないと，みんなさらに張り切って準備に勤しみました。

　お楽しみ会当日。廊下の掃除用具入れに隠れる子，理科室の棚の中に無理やり入り込む子，音楽室の楽器になりすまそうとする子……。どの子も本当に嬉しそうでした。楽しそうでした。廊下では走らないししゃべらない，備品には触れないという約束をみんながちゃんと守って楽しみました。

　全校かくれんぼの後は，スーパー椅子取りゲームで大はしゃぎし，男子のへんてこりんな（笑）お笑いで爆笑し，希望者による「自慢大会」で笑い，最後に「大切なもの」を歌って終わりました。どの子も大満足の笑顔でした。

　このお楽しみ会は，Ａ君の本音からスタートしました。本音が言える学級に育っていたからこそ自己開示ができたし，Ａ君の本音をみんなが蔑ろにしなかったからこそいいアイディアが生まれました。

　「どうせ無理」と言わずにみんなで知恵を出し合って行動できたのも，仲間という存在を信頼していたからこそと思いました。

まとめ

①出てきた本音にはとことん向き合わせる。
②不足部分を補完したら，あとは任せる。

5　学級じまいでもつながる

✳　この1年間の歩みを確かめてつながる

　この1年間が楽しければ楽しいほど，子どもたちの関係性が良ければ良いほど，ずっとこのままでいたいと教師も子どもも願うものです。しかし，残念ながら「今」を維持したままずっといられることはありません。かの鴨長明がいうように「ゆく川の流れは絶えずして　しかも元の水にあらず」なのですから。

　子どもたちは，1日1日成長しています。同じものを見ても感じ方や思考が変わるのです。ですから，昨日まで親密だった関係に溝ができたり，これまでとは違ったタイプに親しみを感じたり，人間関係も変化していくのです。

　この先，多くの子が思春期に差し掛かり，自分の在り様や人間関係に悩んだりしながら成長していきます。その時に，この学級で過ごした1年間がよい思い出として残り，できるならば支えとなればいいなあと思います。そんな願いを込めて，学級じまいに当たる最後の学活では，次のように話します。

　この1年間，毎日笑ってばかりの楽しい1年でした。どうしてこの1年が楽しかったのか，みなさん，分かりますか。

　昨日，ある人に「宇野先生が担任だったからいい1年だった」と言われました。担任としてこれほど嬉しいことはなく，言ってくれた人には心から"ありがとう"と伝えたいです。でも，これ，本当は違うのです。この1年がいい1年だったのは私のおかげではなく，みんな一人ひとりが努力したからなのです。

　4月からずっと，自分の考えをもつこと，言いたいことはちゃんと自分で言うこと，自分で考えてやってみて結果に責任をもつこと，困った時には誰かに助けてもらうこと，みんなのことはみんなで話し合って決めるこ

と，うまくいかなかったらもう一度考えて再チャレンジすること，つまり，人任せにせずにちゃんと自分が動くことを大事にしてほしいと話してきました。楽しさや幸せは誰かが運んできてくれるものではなく，自分で「なる」ものだと話してきました。

　みんなは，そう在ろうと努力しました。初めは何も書けなかった人が，自分の考えを書くようになりました。上手く発表できない人が，勇気を出して話すようになりました。誰かの話をみんな一生懸命聞いたし，否定せずに考えました。分からない問題はみんなで教え合って解決したし，誰かが困っているときは，さっと気付いて声をかけました。「分からないから教えて」も「大丈夫？できる？」も，この教室でたくさん聞かれた言葉です。こうした毎日の小さな小さな積み重ねで，このクラスはみんなが願った古代の人々のように助け合って楽しく暮らせるような「古代学級」になるようになっていると思います。呼びかけたのは私かもしれないけれど，それをやり続けたのは，みなさん一人ひとりなのです。どの人も，自分がこのクラスをつくってきたということに誇りをもってほしいし，自分にはそういう力があるのだと改めて自分に自信をもってほしいと思います。

　6年生になると，今とは違うものの見方や考え方が生まれます。今とは違う人間関係も生まれてくると思います。だから，もしかしたら壁にぶつかり悩む人もいるかもしれません。その時は思い出してください。自分には，問題を解決する力があることを。そして，困った時は助けてくれるつながりがあることを。

　この1年間，本当にありがとう！6年生での健闘を祈る！

まとめ

①4月からの努力を具体的に伝える。
②次年度への希望と意欲を喚起することばを伝える。

あとがき

　これまで，学級経営に関する原稿をいくつか書いてきました。『スペシャリスト直伝！小１担任の指導の極意』『スペシャリスト直伝！高学年担任の指導の極意』という２冊の単著と，赤坂先生との『学級を最高のチームにする！365日の集団づくり　２年』という共著もあります。雑誌や部分共著なども含めれば，結構な数の学級経営原稿を書いてきたと思います。ですから，この本のお話をいただいたとき，私は，学級経営について書けることなどもうない！と思っていました。

　今回のキーワードは「つながり」。学級につながりをつくるために何をしてきたのかを書けというミッション。学級づくり＝関係づくりという認識でいた私は，今さら何を書けばよいのだろうと戸惑いました。何を書けばよいのやらと悩んだ結果，特段意識せずに子どもをつなげてきたことにスポットを当て直そうと思い至りました。無意識に行っていたことを「つながり」というフレームで捉え直し，価値付けし，言語化しようと考えました。

　さて，そこから過去の教室記録をひっくり返す毎日。いやいや，これが，読んでいて楽しいのですよ。思わず爆笑しちゃったエピソードや涙がほろりと出てしまいそうな素敵な話のオンパレード。教室には実に素敵なドラマが溢れていたのです。ドラマをつくり出しているのは紛れもなく子どもたち。同じ教室に集った子どもたちが関わり合うことで泣き，笑い，ぶつかり喜び合うことでつながりをつくっていたことを再認識しました。

　そのドラマをどのように表現すれば伝わるかに苦労しました。どのように「つながり」という価値づけをすれば良いかも迷いました。全てが「つながり」に向かって書かれているかはいささか疑問です。ことば足りないところは，「この取組や指導言が子どもたちのつながりをつくっているのだな」と

補完して読んでくださると幸いです。

　最初は書くことなどないと思ったこの原稿ですが，実践を掘り起こし記す中で，自分がいかに子ども同士をつなごうとしてきたかを自覚することができました。そして，私だけではなく，きっと多くの先生方も日々意図せず子どもたちをつなげているのだと思いました。「つなげる」ための営みを実践記録的に記せたことで，本書を読んだ先生方が，ご自身の無意識，無自覚な「つながる」ための営みに目を向ける一助になることができれば幸いです。

　本書は１年生から６年生までのシリーズ本です。執筆者は，北森恵先生，岡田順子先生，松下崇先生，深井正道先生，髙橋朋彦先生。シリーズ本執筆の特権として，皆さんの原稿を一足早く読ませていただきました。それぞれが大事にしていることを，それぞれの切り口で書かれた素晴らしい原稿ばかりでした。私が，余りにも出来が悪くみなさんのペースについて行けなかったこと，Zoom での打ち合わせに参加できなかったことを心から悔やんでおります。みなさんともっとやりとりができていたならと思います。いつかみなさんと集まって，「つながり」について語ることが私の夢です。

　また，今回もこのような機会を与えてくださった赤坂真二先生には感謝の気持ちでいっぱいです。どこにでもいる平凡な教師の私，どこにでもある教室の風景に価値づけしてくださることで，私は教師としての自分と自分の学級を俯瞰することができました。素敵な皆様とのご縁をいただいたことと併せて深謝いたします。どうもありがとうございました。

　編集の及川誠さんには，今回も大変お世話になりました。相変わらずの遅筆で間違いが多いことをお詫びするとともに，心から感謝申し上げます。

　最後になりましたが，これまで出会ってきた宇野学級の子どもたち，保護者のみなさま，同僚の皆様方にお礼申し上げます。皆様に出会えたからこうして実践を記すことができました。どうもありがとうございました。

　どうか，本書をお読みくださった全ての皆様とその子どもたちが，あたたかなつながりを紡いでゆけますように。

濃藍の空の下で　宇野　弘恵

【著者紹介】

赤坂　真二（あかさか　しんじ）
1965年新潟県生まれ。上越教育大学教職大学院教授。学校心理士。ガイダンスカウンセラー・スーパーバイザー。日本学級経営学会（JACM）共同代表理事。19年間の小学校勤務では，アドラー心理学的アプローチの学級経営に取り組み，子どものやる気と自信を高める学級づくりについて実証的な研究を進めてきた。2008年4月から，これから現場に立つ若手教師の育成，主に小中学校現職教師の再教育にかかわりながら，講演や執筆を行う。
［著書］
『個別最適な学び×協働的な学びを実現する学級経営』（明治図書，2022年）
『指導力のある学級担任がやっているたったひとつのこと』（明治図書，2023年）　他多数

宇野　弘恵（うの　ひろえ）
1969年北海道生まれ。旭川市内小学校教諭。2000年頃より，民間教育サークル等の学習会に参加，登壇を重ねている。思想信条にとらわれず，今日的課題や現場に必要なこと，教師人生を豊かにすることを学んできた。
［著書］
『伝え方で180度変わる！未来志向の「ことばがけ」』（明治図書，2022年）
『スペシャリスト直伝！小学校高学年担任の指導の極意』（明治図書，2023年）　他多数

人間関係形成能力を育てる
学級経営365日ガイドブック　5年

2024年3月初版第1刷刊　Ⓒ著　者　赤　坂　真　二
　　　　　　　　　　　　　　　　　宇　野　弘　恵
　　　　　　　　　発行者　藤　原　光　政
　　　　　　　　　発行所　明治図書出版株式会社
　　　　　　　　　　　　　http://www.meijitosho.co.jp
　　　　　　　　　　　（企画）及川　誠（校正）安田皓哉
　　　　　　　　　〒114-0023　東京都北区滝野川7-46-1
　　　　　　　　　振替00160-5-151318　電話03(5907)6703
　　　　　　　　　　　　　　ご注文窓口　電話03(5907)6668

＊検印省略　　　　　組版所　長野印刷商工株式会社

Printed in Japan　　　　　　　　ISBN978-4-18-372523-3
JASRAC 出 2308641-301
もれなくクーポンがもらえる！読者アンケートはこちらから